课堂教学革新
与学生核心素养培育研究

彭 斌 ◆ 著

北京工业大学出版社

图书在版编目（CIP）数据

课堂教学革新与学生核心素养培育研究 / 彭斌著 . —北京：北京工业大学出版社，2022.1
　ISBN 978-7-5639-8259-2

　Ⅰ . ①课… Ⅱ . ①彭… Ⅲ . ①课程改革－研究－中国 Ⅳ . ① G423.07

中国版本图书馆 CIP 数据核字（2022）第 026830 号

课堂教学革新与学生核心素养培育研究
KETANG JIAOXUE GEXIN YU XUESHENG HEXIN SUYANG PEIYU YANJIU

著　　者：	彭　斌
责任编辑：	李俊焕
封面设计：	知更壹点
出版发行：	北京工业大学出版社
	（北京市朝阳区平乐园 100 号　邮编：100124）
	010-67391722（传真）　　bgdcbs@sina.com
经销单位：	全国各地新华书店
承印单位：	唐山市铭诚印刷有限公司
开　　本：	710 毫米 ×1000 毫米　1/16
印　　张：	10.75
字　　数：	215 千字
版　　次：	2023 年 4 月第 1 版
印　　次：	2023 年 4 月第 1 次印刷
标准书号：	ISBN 978-7-5639-8259-2
定　　价：	72.00 元

版权所有　翻印必究

（如发现印装质量问题，请寄本社发行部调换 010-67391106）

作者简介

彭斌，男，1979年2月出生，西安思源学院副教授，在读博士，西安思源中学党总支书记、校长。主要研究方向：教育管理。近年来主要讲授教育学原理、教育管理学、教育心理学等课程。主持或参与省级课题多项，参编教材1部，公开发表论文10余篇。

前　言

当今时代，科技日新月异，知识经济迅猛发展，经济全球化、信息化步伐明显加快，这些变化对人的素养提出了更新、更高的要求。"学生核心素养"这一概念的提出，明确了学生应具备的适应终身发展和社会发展需要的必备品格和关键能力，回应了新时代的呼唤，也为深化课堂教学革新提供了方向。学生发展核心素养，必须落实到课程开发设计以及课堂教学中。课堂教学是核心素养培育的主阵地，教师无疑是实现核心素养落地的主力军，核心素养培育给课堂教学的革新带来了严峻的考验。基于此，本书围绕课堂教学革新与学生核心素养培育两个主题展开研究。

全书共七章。第一章为绪论，主要阐述了素养与核心素养、核心素养的价值定位、核心素养培育的基本原则、核心素养的整体内容框架、核心素养下的课堂品质追求等内容；第二章为课堂教学革新，主要阐述了课堂教学及其作用、课堂教学革新的意义与本质、核心素养对课堂教学革新的促进等内容；第三章为基于核心素养培育的课程建设，主要阐述了素养本位的学校课程构建、素养统领的学科课程建设、跨越学科的课程统整等内容；第四章为基于核心素养培育的课堂教学设计，主要阐述了着眼核心素养解读教材、确定教学内容、确立教学目标等内容；第五章为基于核心素养培育的课堂学习指导，主要阐述了建构学习中心课堂、注重对学会学习的引领、开展对深度学习的探索等内容；第六章为基于核心素养培育的课堂教学评价，主要阐述了定位性评价、形成性评价、诊断性评价、总结性评价、激励性评价、发展性评价等内容；第七章为基于核心素养培育的课堂教学策略，主要阐述了分层教学策略、整体教学策略、自主教学策略、主题教学策略、情境教学策略、活动教学策略等内容。

  为了确保研究内容的丰富性和多样性，笔者在写作过程中参考了大量理论与研究文献，在此向涉及的专家、学者们表示衷心的感谢。

  限于笔者水平，加之时间仓促，本书难免存在一些不足之处，在此恳请同行专家和读者朋友批评指正！

目 录

第一章 绪 论 ·· 001
 第一节 素养与核心素养 ·· 001
 第二节 核心素养的价值定位 ·· 010
 第三节 核心素养培育的基本原则 ·· 013
 第四节 核心素养的整体内容框架 ·· 015
 第五节 核心素养背景下的课堂品质追求 ······························ 021

第二章 课堂教学革新 ·· 030
 第一节 课堂教学及其作用 ··· 030
 第二节 课堂教学革新的意义与本质 ····································· 036
 第三节 核心素养对课堂教学革新的促进 ······························ 042

第三章 基于核心素养培育的课程建设 ···································· 046
 第一节 素养本位的学校课程构建 ·· 046
 第二节 素养统领下的学科课程建设 ····································· 052
 第三节 跨学科的课程统整 ··· 060

第四章 基于核心素养培育的课堂教学设计 ······························ 075
 第一节 着眼核心素养解读教材 ··· 075
 第二节 着眼核心素养确定教学内容 ····································· 077
 第三节 着眼核心素养确立教学目标 ····································· 079

第五章　基于核心素养培育的课堂学习指导 …… 081
第一节　建构学习中心课堂 …… 081
第二节　注重对学会学习的引领 …… 088
第三节　开展对深度学习的探索 …… 095

第六章　基于核心素养培育的课堂教学评价 …… 103
第一节　定位性评价 …… 103
第二节　形成性评价 …… 105
第三节　诊断性评价 …… 114
第四节　总结性评价 …… 117
第五节　激励性评价 …… 118
第六节　发展性评价 …… 123

第七章　基于核心素养培育的课堂教学策略 …… 127
第一节　分层教学策略 …… 127
第二节　整体教学策略 …… 135
第三节　自主教学策略 …… 142
第四节　主题教学策略 …… 146
第五节　情境教学策略 …… 152
第六节　活动教学策略 …… 156

参考文献 …… 162

第一章 绪 论

教育教学的目标之一是学生的全面发展,核心素养的提出是重视学生能力素质培养的必然要求,也是课堂教学革新追求的品质要求。

第一节 素养与核心素养

一、素养

(一) 素养及其相关概念

早在《汉书》中就有关于"素养"的记载:"马不伏历,不可以趋道;士不素养,不可以重国。"之后不同时期的个人或组织对此也都提出了各自的理解。

1. 素养与素质

"素养"的基本含义是"平日的修养"。在教育学中,"素养"与"素质"经常联系在一起,用来描述人的内在特质。初观其表,两者似乎没有明显差异,但是细究其里,"素质"与"素养"之间有着本质的区别。

"素质"指人与生俱来的生理特质,侧重于先天的遗传性。这一定位说明"素质"是教育的前提和条件,而不是教育的结果。而"素养"可以分为"素质"和"养成"两部分来理解,进一步说明了后天教育的价值,它不仅包括知识、能力,还涵盖了情感、态度和价值观等,具有更加丰富的内涵。

2. 素养与教养

从学理角度说,教养就是教育出来的素养。一个人的天赋如果得不到适合的教育和训练,是不可能得到发展的,尤其不能发展成为专业性的素养。教育使人成其为人，人的很多素养都是教育的产物。对此，不少大师有过深刻的论述。康德在其《论教育学》一书中强调，"人是唯一必须受教育的被造物"，而且，"人只有通过教育才能成为人。除了教育从他身上所造就出来的东西外，他什么都不是"。卢梭也指出："植物的形成由于栽培，人的形成由于教育。"洛克则在《教育漫话》一书中开篇就旗帜鲜明地指出："我承认有些人的身心生来就很坚实、健康，用不着别人多少帮助。他们凭着天赋的才力，自幼便能向着最好的境界去发展；凭着天赋的体质，能够做出奇迹。但是这样的人原来是很少的。我敢说，我们日常所见到的人之所以或好或坏，或有用或无用，十分之九都是由他们接受的教育所决定的。人类之所以千差万别，便是由于教育之故。"总之，在现实社会中，"人"的定义早已不单单是生物学意义上的两腿直立行走的动物，更是一种追求精神成长并从精神上获得愉悦的动物，而这种动物需要通过教育和修炼才能成长起来。

不过，我们平常所说的教养，强调的不是"教"，而是"养"，广义上指的是人的整体素养，狭义上指的是人的道德品质。实际上，我们平常所说的教养也就是指个人的修养和涵养。尽管如此，这里主要强调的仍是教养的本义，即教育出来的素养，字面上是"教养"，实质上应该是"育养"。人的素养更多的不是教出来的，而是育出来的。

3. 素养与修养、涵养

从字面上讲，修养、涵养即自我经过修炼而形成的素养，它强调自我教育在素养形成中的作用。公共场合有人抽烟，餐馆和地铁里有人大声喧哗，可是你不这样做；不管出身和背景如何，你都努力做一个更好的人……这就是个人修养（涵养）让你与众不同。"修"和"涵"既能凸显自我教育的意义，又能反映素养的实质和内涵。的确，在素养形成的过程中，自我教育起了关键的作用。一个人若是没有自我教育的意识和能力，外在的教育根本进不了他的内心，素养也就无从谈起。奥黛丽·赫本被誉为人间天使，不仅仅因其貌美，貌美的人很多；也不仅仅因其学历，比她学历高的比比皆是，而是因为她用一生诠释了"修养"这个概念。正如她在遗言里所说，若要优美的嘴唇，就要讲亲切的话；若要可爱的眼睛，就要看到别人的好处；若要苗条的身材，就要把食物分享给饥饿的人；若要美丽的秀发，就要让孩子每天抚摸它；若要优雅的姿态，走路时就要记住行人不只你一个。

4. 素养与文明、习性

从个体的角度来讲，素养是个体的习性、习惯；从社会的角度来讲，素养是一种社会价值、一种人类文明。从根本上讲，人是环境的产物。环境中每个成员的言行都是融入一个人成长过程的"建材",感染着这个人的思想感情与行为,左右着这个人的生活态度。可以说,环境给一个人的影响,除了有形的模仿以外,更重要的是无形的塑造。由于文化、环境、制度的差异,人与人之间,特别是不同民族、不同国家的人之间,习性的差异是很大的。这里要特别强调的是文化对人的作用。人是文化的产物,不仅观念、价值、感情和行为模式是文化的产物,就连感觉方式、思维方式以至整个神经系统都是文化的产物。人的一言一行都体现着他所生活于其中的文化。人性就是文化性,和人打交道就是和他所属的文化打交道,理解一个人也就意味着理解他所代表的文化。

总之,就来源而言,素养来自遗传(基因、天性、天赋)、环境(文化、制度)、教育和自我教育;就形成机制而言,素养是这些因素共同作用的产物,其中教育发挥着主导作用。

(二)素养的本质

1. 素养是一个人的"精神长相"

人的长相分为身体长相和精神长相(外貌和气质)两种,精神长相就是一个人的素养的外在表现,我们可以透过一个人的精神长相,了解他的内在素养。一个人的素养——学识、智慧、道德、态度、品格、思想、精神等一定会通过其言行举止和神态表情表现出来。

2. 素养是一个人的"人格"

人格是一个人的价值观、道德观和心理素质等,并通过一定的思维方式、行为模式和情绪反应表现出来,使这个人呈现出独特的性格和气质。素养展现的是人的积极方面,或者说,一个人只有形成良好的性格和气质,才称得上是一个有素养的人。从教育学角度讲,人格是一个人内心世界的全部,即人的精神世界,多指个性中有格调、有品位的精神内容,特别表现在道德方面。

3. 素养是一个人的"行为习惯"

行为习惯是一个人行为方式的自动化(天长日久养成的固定行为模式),也就是当一个人形成了某种行为习惯之后,就能自然而然并轻松自如地完成那种行为。这些行为还会带来积极正面的心理体验。所有的道德行为只有形成习惯,才能成为一种品质、一种素养,否则都是不可持续的。一个人的素养的形成过程是各种良好习惯的形成过程,或者说,一个有教养的人是有很多好习惯的人。难怪叶圣陶先生这样认为:教育往简单方面说,就是养成良好的习惯。

4.素养是一个人的"思维方式"

一个人怎么认识世界，怎么思考问题，集中反映了一个人在智力、学识上的素养。从认识论的角度分析，可以把思维方式看作人的认识定式和认识运行模式的总和。从个体的角度分析，思维方式是个体思维的层次（深度）、结构（类型）、方向（思路）的综合表现，是一个人认知素质的核心。从学生学习的角度分析，思维方式反映了学生认识事物的立场和视角，也决定了他们解决问题的思路和方向，对学生的学习质量和水平具有根本的制约作用，学生在掌握知识和发展能力等诸多方面存在的各种问题，都能在思维方式上找到根源。当前，学生思维方式的问题突出表现为对立化（简单化、绝对化）和封闭化（模式化、僵化、固化）。

学校和教师要将培养学生的科学思维方式提升到关乎人生长远发展的高度来认识。当前，要从以下三点着力：第一，要注重科学精神和客观性思维能力的培养，即培养学生用事实进行论证、用逻辑进行推理的思维能力；第二，要注重批判性思维和能力的培养，即注重培养学生独立、个性、新颖的思维和想象能力；第三，要注重双向思维的培养。具体来说，就是要把我国多年来对演绎思维培养的侧重转变为演绎与归纳两种思维并重。

二、核心素养

（一）核心素养的国内外研究

1.国外研究

在经济全球化、信息化背景之下，提高公民素养成为各国的共同行动。为此，世界主要国家和国际组织纷纷开展了关于核心素养的研究和探索。经济合作与发展组织（简称经合组织）对核心素养的研究起步较早，但是不同的项目却没有形成协调一致的研究成果。为此，经合组织在1997年开展了"素养的界定与遴选"项目，开始对核心素养的概念和有关理论进行系统的探讨。该项目是在跨学科的背景下进行的，经过不同国家、不同领域专家的论证，最终构建了具有普遍意义的核心素养基本框架。其主要涵盖了"能互动地使用工具""能自主地行动"以及"能在异质社会团体中互动"三项指标，并强调了核心素养对于学生发展的重要作用，引领了世界核心素养运动。然而，该框架对于核心素养如何测定和实施却没有进行说明。因此，在2005年，经合组织发布了《核心素养的界定与遴选：行动纲要》，为核心素养的有效落实提供了可操作性的参照，为各成员国指引了革新的方向。之后，经合组织紧跟时代要求，围绕社会的变革积极开展对核心素养的后续研究,如在2009与2013年度报告中指出信息技术对个人素养发展的新要求,在2013与2015年度报告中强调学生要发展与劳动力市场需求相适应的各项素养,以此推动个体和社会的协调发展。

欧盟的核心素养框架既吸收了经合组织"素养的界定与遴选"项目的成果,同时也体现了欧洲教育特色发展的需要。在知识经济的大背景下,面对以"素养"为核心的人才观的兴起,欧盟提出了构建核心素养体系的目标。2002年3月,欧盟核心素养工作组第一次提出了"核心素养"的概念。2006年,欧盟出台了关于核心素养的建议案,向各成员国正式提出了指向终身学习的八项核心素养,并把它作为整个欧盟教育和培训系统所共同遵从的目标体系。2012年,欧盟发布了《欧洲学校中核心素养的发展:政策方面的挑战和机遇》,对欧洲国家学校核心素养的开发情况进行了调查和评估。2018年5月22日,欧盟进一步出台了《欧洲终身学习核心素养建议框架2018》,对旧版核心素养的表述进行了修订,突出强调了核心素养如何落地,为各成员国的教育革新实践指明了道路。

美国开展核心素养研究始于2002年。进入21世纪,面对时代的变迁和职业的挑战,美国传统的能力标准已经无法满足学生生活与工作的需求,于是核心素养受到了广泛的重视,成为各州提升教育水平的质量标准。2002年,美国成立了21世纪学习技能联盟(以下简称"P21组织"),开始系统研究能够使学生适应未来社会职业需求的素养。经过不断努力,P21组织成功构建了完整的"21世纪学习体系",即美国21世纪核心素养框架:核心素养的指标("学习与创新技能""生活与职业技能""信息、媒体与技术技能"三个方面,描述了学生应对未来社会必备的知识、技能和专业智能);培养核心素养的内容(支撑核心素养落实的"核心科目",此外还增加了有利于学生应对现实问题的"21世纪主题");保证核心素养实施的支持系统(有利于促进核心素养在各个教育环节的深入)。随后,P21组织又启动了"21世纪学习典范"项目,通过建立完善的评估体系、实施具体可操作的指标和一系列特色课程等措施推动了核心素养的落地实践,并取得了不错的效果,为培养21世纪具有完备生活和职业技能的公民、员工及领导者奠定了坚实的基础,在全美乃至世界产生了深远的影响。

新加坡在分析21世纪劳动力需求的基础上,于2010年3月公布了本国的"21世纪素养框架"。该框架主要包含了三个层面:第一个层面是"价值观",主要包括尊重、诚信、负责等要素。价值观可以决定人的态度、行为等的发展方向,因此新加坡一直以来都比较重视学生价值观的发展。第二个层面是"社会及情绪管理技能",具体涵盖了自我意识、社会意识等方面。它是学生建立良好人际关系、参与社会实践活动以及有效应对各种情境的重要素养。第三个层面是"新21世纪技能",涵盖了公民素养、跨文化交际能力等方面,是学生应对经济全球化发展所必需的能力。新加坡政府旨在通过对这三个层面素养的培育达成期望的教育成果,即培养自信的人、主动的学习者、积极的贡献者和热心的公民。与此同时,新加坡积极推动在课程、评价、教师发展等方面的教育革新,通过启动"创新学习2020"计划、制订综合规划项目等措施有步骤地推动21世纪素养的落地,并且取得了理想的教育效果。

此外,还有很多国家也都开展了关于核心素养的研究。澳大利亚在2008年提出公民必需的七项通用能力,并将其融入具体的学科课程体系中,明确了各学段学生应该达到的学习水平。日本在2013年公布了适合未来教育的核心素养框架——21世纪型能力,提出了"基础力、思考力、实践力"三个方面的素养要求,形成了更高层次的教育目标。

2. 国内研究

近些年来,我国吸收世界教育发展优点,也开始对"核心素养"进行总结研究,众多专家学者的研究结果更是层出不穷。

褚宏启教授认为核心素养是"高级素养",既要能够体现出"个人需求",又要能够反射出"社会需求";既要能够满足"经济全球化"的要求,又要能够适应"本土性"的需求。他把核心素养界定成"21世纪必备素养",即自身适应和促进终生发展与社会变迁、进步的关键素养。

林崇德教授通过研究国外及国际组织对核心素养的定义,针对国内的教育情况对核心素养做出界定,即学生在接受相应学段的教学过程中,逐渐形成的适合自身终身发展和社会发展的必备品格和关键能力。

在国内对核心素养体系的研究中,蔡清田等学者较早地提出国民核心素养体系为沟通互动、社会参与、自主行动,体现国民素养动态发展理念,强调以人为本,这与经合组织核心素养体系较接近。詹万生依据整体性、有序性、层次性、发展性、最优化五个原则,提出五大学生核心素养为思想道德、身体心理、审美艺术、劳动技能、科学文化素养。再者,钟启泉把我国核心素养的体系假设成四个同心圆的形式,即核心为价值形成(态度、信念、责任),内层为关键能力(反思、沟通、协作、创新),中层为学习能力,外层为支持系统(体制政策、技术)。

综上所述,国内对核心素养概念的研究,无论是从公民的角度,还是从学生的角度,都反映了这个时代社会的诉求和人民的愿望。目的是强调人的全面发展,

第一章 绪 论

提高人民的素质,并且通过掌握必备的品格和能力,使个体获得成功的发展,并且促进社会的进步。

(二)核心素养的概念

素养导向的教育真正体现了对"人"的关照,符合全人教育的理念。"核心"在汉语中表示"中心、主要部分",体现了事物的重要性。在西方,经合组织最早将核心素养表述为"key competencies"。其中"key"译为"关键的","competencies"直译为"能力",但是如果从它所涵盖的具体内容来看却远远超过了"能力"的范畴,因此译为"素养"一词似乎更合理。由此看来,"核心素养"也可以说是"关键素养"。

"核心素养"这一概念虽然提出的时间较晚,但是其内在的思想由来已久。不同时代的学者都曾深入探讨过人应该具备的"核心素养",反映了不同时代对"教育应该培养什么样的人"的不同回答。

在以农业经济为代表的古代社会,素养是正义、智慧、勇敢等高尚道德品质的化身。不管是西方"美德即知识""德行可教"的主张,还是东方"内圣外王"的传统文化人才观,都将道德品质视为人才培养的首要标准,这也正反映了古代先哲们对素养的认识和理解。

在以工业经济为代表的现代社会,"能力本位"获得普遍认同,在整个20世纪得到广泛使用。多元智能、外显能力与潜在能力等理论相继出现,人们对素养的理解停留在能力的层面上。

在以经济全球化、信息化为代表的当代社会,传统单一的"德行""能力"等概念已经无法适应多元化的社会需求,于是涵盖知识、能力及态度的"核心素养"受到普遍关注。发展个体的核心素养不仅能提高国民自身的竞争力,更能够提高一个国家的整体实力。各个国家及国际组织面对科技信息化的冲击和全球竞争白热化的压力,纷纷开展关于核心素养的研究工作,在国际上掀起了核心素养革新浪潮。

在国际上,与"核心素养"同样热门的一个词是"21世纪素养",虽然它们两者的表述不同,但在本质上没有什么区别,只不过"21世纪素养"更能体现与时俱进的新内涵。美国是最早开始研究21世纪素养的国家,旨在培养学生适应21世纪挑战、实现自身超越和获得成功的知识和技能。此后,新加坡、日本等国家也紧跟国际潮流,纷纷提出了本国的"21世纪素养",充分显示了各国为应对新时代的挑战而对于新的人才观的呼唤。

教育部在 2014 年首次提出了将学生核心素养体系研究作为全面推进教育体系革新的重点，从而开启了中国的核心素养研究时代。之后，核心素养成为袁振国、钟启泉等知名专家、学者关注的焦点，一些重要的教育学术会议如中国教育学会第二十八次学术年会、第十届有效教学理论与实践研讨会也纷纷聚焦核心素养。

2016 年 9 月，《中国学生发展核心素养》总体框架在社会公布。该框架对当前教育应该培养什么样的人做出了具体规定。此后，我国学者关于核心素养的研究更加深入，逐渐由下向上扩展到高等教育领域，更加重视建立符合各阶段发展需要的核心素养体系。目前我国比较官方的一种说法是，核心素养研究课题组提出的"核心素养是学生在接受相应学段的教育过程中，逐步形成的适应个人终身发展和社会发展需要的必备品格与关键能力"。

总之，核心素养是指个体面对未来不确定的风险和挑战所应具备的能够实现自身发展、满足职业需求和推动社会进步的关键能力和品格。当然，核心素养的形成和发展是一个动态的变化过程，社会发展对于人才的需求在不断改变，核心素养的内涵也会随之更新完善。

（三）核心素养的特性

在目标上，核心素养的概念是对"教育应培养什么样的人"的回答，是对国家教育质量根本标准的具体化。

在性质上，人们往往误以为核心素养是全部素养的大杂烩，其实不然。核心素养是所有素养中最必要、最关键的素养，它代表了每个个体都不可或缺的共同必要素养。

在内容上，核心素养具有多元维度，它是知识、能力以及态度等的综合反映。同时，核心素养既要反映经济全球化的需要，更要立足于本国发展的现实问题，体现本土性的要求。

在功能上，核心素养的获得不仅要为学生自身的成长和发展打下坚实的基础，还要能够满足社会的发展需要，促进社会的良好运行。

在培育上，核心素养是可教可学的。核心素养的获得是个体通过接受教育从而实现自我提高、自我升华的过程。

（四）培养核心素养的意义

1. 培养核心素养是教育本质的回归

教育的本质是什么？教育应该给生命带来什么？教育应该给社会带来什么？

第一章 绪 论

数千年来，无数的人在探索这些问题，由此留下了无数的答案与实践，发人深省。反思教育教学的现状，教育变成一成不变的知识搬运，异化为"锱铢必较"的应试训练，沦为无情无趣的死记硬背，或为分秒必争的机械学习……驳杂的概念和目的如迷雾般笼罩在教育的上空，被重重尘埃围困的教育渐渐迷失了自我。教育者若不反躬自省，若不迷途知返，将走向穷途末路。面对重重积弊，核心素养教育是一种能够正本清源的手段。教育教学向培养人、培养人的核心素养回归，是教育及学校的"人间正道"。

教育向人的本质回归，向核心素养回归，是众多有识之士、有心之士在坚持教育本源意义、探究教育的实践中获取的理论与宗旨。核心素养教育是知识本位、应试本位漩涡中的"生命图标"，它旗帜鲜明地将生命的感受、生命的幸福、生命的品质、生命的成长置于核心位置，有望成为教育教学生活中新的"诺亚方舟"。

2. 核心素养是生命成长的基础

任是再恶劣的教育生态，在对教育本质的探寻过程中，也有不少的教育家及教师以"成全生命"为教育的使命。中国人民大学黄克剑教授说了这么一段意味深长的话："知识若没有智慧烛照其中，即使再多，也只是外在的牵累；智慧若没有生命隐帅其间，那或可动人的智慧之光却也不过是飘忽不定的鬼火萤照。"

离开生命的成长而进行的"教育"，是对生命的折损与戕害，是对心灵的压榨与毒害，是对精神的漠视与扼杀。教育及学校当然要看质量，当然要看成绩与升学率，但当下不少教育者急功近利、目光短浅，唯分数是举、唯升学是争，学生的整个学习生活只剩下做题与考试。课堂教学只是学生智力生活的一片花瓣，而智力生活也只是个体生命成长的一片花瓣，许多学校将智力生活当作生命成长的全部，把课堂教学当作智力生活的全部，甚至把做题与得分当作课堂教学的全部，生命的绽放被忽略不计，教育的意蕴不断衰减、萎缩。

那么，在个体生命的成长过程中哪些要素是重要的？哪些要素是生命的核心？这些要素之间有着怎样的关联？应该说目前很少有人去系统探讨这些问题。核心素养教育为生命成长提供了心灵的地图与精神的密码。

3. 核心素养教育是朝向未来的生长

教育应为未来的时代培养新人，它注定具有令人期冀的"明天性"——带着羽毛般闪亮的希望。美国著名的教育家杜威说，教育即生长。这种不断生长就是向上、向善的力量。核心素养教育顺应并发扬了教育的"种子般的特性"，从根部加以灌溉与培植，具有"不可遏制"的生长性，它朝着未来的方向不断生长。

走向核心素养的教育是世界各国教育的大势所趋。联合国教科文组织、欧盟、经合组织等以高瞻远瞩的视野来眺望与应对未来的时代与社会，在研究过程中提出并倡导"核心素养的教育"。在稍纵即逝、一日千变的信息化时代，教育教学如果仅仅固执一端，只是亦步亦趋地执守原先提出的"知识、能力、态度"目标是远远不够的。因为在现实的教育教学中，不少教师往往会将知识、能力、态度等割裂开来、分而治之，结果造成学生的分裂式学习，无法建构一种完整的生命形态。如此一来，只能"生产"出平面的、肤浅的、知识贫乏的、缺乏趣味与创造力的人，难以诞生立体、丰富、和谐、自由发展的生命。"核心素养"一词将人成长中的关键能力与必备品格合而为一，涵盖了知识、能力、态度等要素。核心素养的教育以整体的理念与思想引导每一个生命个体不断学习、修炼，不断走向完整、完美、完满的自我。

未来时代怎么发展，未来所期许的新新人类是怎样的？一定是具有丰富的人性、富有创造力、富有生命力的人。学校教育及课堂教学不能囿于一隅，而是要让学生仰望心灵的天空，让他们都有一个高远的理想，而这必须从培育核心素养开始。

第二节　核心素养的价值定位

一、核心素养与课程革新的关联性

教师要准确把握核心素养对课程革新深化的统领性以及对学生发展的支撑性，提升革新的自觉性。"核心素养"这一概念在我国首先出现在《教育部关于全面深化课程革新落实立德树人根本任务的意见》中，其中明确提出要"着力推进关键领域和主要环节革新"，而处在"关键领域和主要环节"首位的是"研究制订学生发展核心素养体系和学业质量标准"，并要求"各级各类学校要从实际情况和学生特点出发，把核心素养和学业质量要求落实到各学科教学中"。

可见，核心素养与课程革新的深化有着直接的、深度的关联。这种直接、深度的关联主要体现为"它规定了课程革新的方向与宗旨，是课程革新的核心目标，是教材编写、教育教学、考试评价、制度管理的根本依据"。它是"国家标准"，根据这一标准制订的学业质量标准，可以明确学生完成不同学段、不同年级、不同学科学习内容后应达到的程度要求,可以指导教师准确把握教学的深度和广度,可以使评价更加准确地反映人才培养要求。

因此,核心素养之于课程革新具有统领性、引领性的作用,明晰并坚持发展学生的核心素养,可促使课程革新的立意更高远、更具方向感;促使课程标准修订的依据更明确、更具核心感;促使教学革新聚焦于素养的培养,从知识走向素养,更具超越感。课程革新又密切关联着学生的发展,课程革新不仅从社会需要出发,还要从学生自身的发展需要出发。核心素养之于学生的发展具有根源性和支撑性的作用,它是学生发展之根基,可以生成;它是学生发展的支柱,支撑着学生未来的发展。核心素养的提出让课程革新充溢着新的生命活力,让以人为本、以学生发展为核心的理念进一步得到彰显。

(一)使学科课程与专题教育得到必要整合

核心素养的提出使自成一体的学科课程、分散的专题教育得到了必要的整合。一方面,学科课程彼此重复、错位,密度大,容量多;另一方面,很少有学科课程对适应未来社会发展和个人终身发展所必备的关键能力和人格品质真正加以关注。核心素养是课程整合的主要依据,或者说是主要的整合点,是我们进一步精选课程内容的主要依据。

(二)使各学科课程教学实现再定位

核心素养的提出使各学科课程教学实现再定位,进一步提升了育人价值。一方面进一步明确了学科本身所涉及的基本素养,另一方面关注跨学科素养的培养,打破了学科的固有边界。比如,语文学科教学不只关注对语言文字的感知、理解与运用,还关注与之密切联系的思维发展、审美体验与文化传承。

迎接课堂转型的挑战,难以绕过"核心素养"这一重要课题。因为学校教育是面向未来的事业,国民核心素养的培养是至高无上的课题,核心素养指导、引领着课程革新实践。建构核心素养体系,对于提升我国人才培养质量、提高国家核心竞争力具有重要意义。因此,学科教学都应聚焦核心素养的培养。

二、核心素养提出的必然性

早在 20 世纪 90 年代,我国就开始全面实施素质教育,要求从应试教育的桎梏中挣脱出来,以促进学生素质的全面发展。素质教育本身就蕴含着培养学生核心素养的要求,这是实施素质教育的本意。

进入 21 世纪，国家颁发了中长期教育革新规划纲要。纲要中明确规定，素质教育是革新发展的战略主题，全面提高教学质量是革新发展的核心任务，培养学生的社会责任感、实践能力与创新精神是重点。显然，革新的目标已聚焦在培养学生的核心素养上了。

三、核心素养培育具有广阔的视域性

核心素养的培育应当有广阔的视域和深刻的内涵，增强革新的使命感。众所周知，随着经济全球化、信息化与知识社会的来临，各国竞争不断加剧，合作共赢的发展理念已成为共识。国力的竞争说到底是人才的竞争，合作共赢的发展理念说到底必须依靠人才的支撑。这一切需要进一步提升人才培养的质量，而提高人才培养质量首先要致力于国民素养的提升。这一世界各国发展的共同主题必然要转化为教育的重大主题，这是教育必须积极应答的核心问题。这一核心问题、重大主题聚焦在学生应该具备的最基本、最重要、最关键的知识、能力、情感、价值观上，即学生的核心素养上。尤其是我们国家，为了振兴中华、实现中国梦，使中华民族再一次立于世界先进民族之林，更要培养素养良好的公民和优秀人才。因此，我们应当有这样的认识：培养和发展学生的核心素养，是国家发展战略，尤其是国家人才发展战略在教育革新领域的主要体现和具体要求，同时也是培育和践行社会主义核心价值观这一根本任务在教育领域落实的重要措施和必要途径。这样的背景视野既超越了课改本身，也提升了学生自身发展的价值、意义，这是一种国家发展的战略思维。我们对核心素养的认识应超越具体的学校层面，也不必在技术层面和细节上纠缠。这种基于国家发展战略的选择绝不是心血来潮，也不是灵机一动，我们要改变思维方式，站到更高的平台上，从狭隘的视野中跳出来。

四、核心素养对中华优秀传统文化的继承发展

由于不同国家的历史传统、文化积淀和基本国情不同，核心素养的培养也具有自身的特征。因此，在培养我国学生核心素养的过程中，也必须体现我国的民族特色。从国际核心素养框架来看，各国际组织和国家普遍强调对学生知识、能力的培养，而缺少对学生道德、品格的关注。而我国在中华优秀传统文化的影响下，历来注重对学生高尚品格的塑造。这就意味着我国未来的人才培养应更加注重道德价值和责任担当。

中华传统文化博大精深，古有"苟利国家、不求富贵"的爱国情操，有"学至乎没而后止"的学习精神，有"天下兴亡、匹夫有责"的责任意识，而"明明德、亲民、止于至善""仁义礼智信"等思想观念已经成为中华民族内在的文化标志，薪火相传，生生不息。

除此之外，在封建社会末期，受启蒙思想的影响，实践和创新能力受到格外关注和重视。比如，颜元提出实学教育思想，要求学生将理论付诸实践；陶行知提出"教学做合一"，强调学校教育要与生产、生活实践相结合；黄宗羲首次明确提出独创和创新，并提出创新的四条途径。

在当今社会，建立在中华优秀传统文化根基之上的"开放包容、开拓创新"等思想更是成为新的时代号召。这些丰富的思想观念和道德情操是我国社会发展的宝贵财富，同样也为我国学生核心素养体系的建构提供了借鉴。所以，我国学生核心素养的价值定位应该充分汲取中华优秀传统文化的营养，打造"有灵魂"的教育，体现中华民族的特色。

第三节 核心素养培育的基本原则

一、方向性原则

实现人的全面发展是党和国家的教育方针，是教育工作永恒的目的和终极的追求。学生发展核心素养是人的全面发展的具体体现。全面发展的主要内涵包括德、智、体、美、劳等几个方面。核心素养是全面发展的具体化。为此，核心素养的研制必须以全面发展为方向，确切地说，人的全面发展的理论是人的核心素养研制和提炼的指导思想。显然，核心素养的建立必定有助于教育工作者在日常教育实践当中切实贯彻党和国家的教育方针，促进学生的全面发展。

二、时代性原则

核心素养是全面发展的具体化，但核心素养的建立不是全面发展内涵的简单展开，核心素养要体现时代的要求和特点，即反映新时期社会对人才的新要求。当今时代，科技进步日新月异，知识经济迅猛发展，经济全球化、信息化步伐明显加快，对人的素养的要求也发生了明显的变化。

实际上，核心素养的提出本身也是时代的产物。时代发展对人的素养提出了新要求，而我们的学生因为缺乏或缺失某些重要素养而跟不上时代的发展，从而影响自身和社会的发展。时代性也就是针对性，我们的学生缺什么，我们就要强调什么。为此，当前我们特别强调创新精神、实践能力以及团队精神、合作能力。这是培养学生核心素养必须关注的内容。

教育的首要问题是"培养什么人"的问题。教育现代化的目标是人的现代化和社会的现代化。教育为建设现代国家服务、为社会现代化服务，也必须通过培养人去间接完成。因此，教育现代化的最后归宿或者根本目标是人的现代化，而人的现代化，就是"把传统人变成现代人"。衡量我国教育现代化水平的根本尺度，是看我们所培养的人是否是现代人，是否具有现代的精神气质。

三、科学性原则

学校应紧紧围绕立德树人这一核心素养培育的根本要求，坚持以人为本，遵循学生身心发展规律与教育规律，将科学的理念和方法贯穿于教育全过程，重视理论支撑和实证依据，确保教育严谨规范。

四、国际性原则

核心素养是一个舶来品，从知识本位走向素养本位是世界教育共同的走向。国际性原则包括以下两层意思。

第一，强调培养学生的国际视野和意识。当前，无论是强调中国制造、中国创造、中国智造，还是强调中国领导、中国参与、中国合作，都需要我们培养具有国际视野和意识的人。

第二，核心素养的培育要参照国际上的先进成果和经验。课程标准修订和各学科核心素养的培育就是在学习和借鉴世界各国先进经验的基础上进行的。一方面要吸收世界先进的东西，另一方面要与世界接轨。

五、民族性原则

核心素养的培育不仅要注重吸收国际先进经验，重视与国际教育的接轨，更要结合我国的实际情况，特别要重视发挥我国历史文化方面的优势。民族性是素养的源泉，一个民族的优秀传统和文化是该民族成员核心素养形成的重要源头，一个民族成员的核心素养一定会烙上这个民族的特性。正如林崇德先生所言，从中华传统文化来说，我们都有同一个根、同一个灵魂。我们的根、我们的灵魂是什么？就是中华传统文化。中华传统文化历来重视人的素养问题。从中华传统文化来看，我们看到了家国情怀、社会关怀、人格修养和文化修养四个方面。比如，家国情怀涉及孝亲爱国、民族情怀、乡土情感等；社会关怀涉及仁民爱物、心怀天下、奉献社会等；人格修养涉及诚信自律、崇德弘毅、礼敬谦和等；文化修养涉及人文历史知识、求学治学方法、文字表达能力、追求科技发明等。

就当前而言，我们的教育工作要反映立德树人的时代要求，培养自觉践行社会主义核心价值观，具有社会责任感、创新精神和实践能力的全面发展的一代新人。核心价值观是社会凝聚力的精神内核，是一个国家立于世界民族之林的精神基石，是一个民族最宝贵的精神家园。当代中国的核心价值观，也就是中国特色社会主义核心价值观，充分吸收了中华民族传统文化的精髓和治国理政的历史经验，在凝聚全民力量、牵引社会发展等方面发挥着至关重要的作用。社会主义核心价值观是当前我国全体公民要坚守的共同理念和追求，它包含了国家、社会、公民三个层面的价值准则，我们必须将这些内容有机地融入核心素养的内涵之中。

第四节　核心素养的整体内容框架

一、国外核心素养框架

（一）美国的核心素养框架

美国通过对学校、企业和民众进行综合性的调查、分析，提炼出了21世纪核心素养框架的具体内容。该框架以未来社会职业需求为价值取向，旨在培养学生在21世纪获得成功的必备技能，主要包括"学习与创新素养""信息、媒体与技术素养""生活与职业素养"三个方面。每一方面又包含若干具体素养，描述了学生适应时代发展所必备的各方面的职业能力。

"学习与创新素养"是美国核心素养的第一类，包括创造力与创新、批判性思维与问题解决、交流沟通与合作，这些素养展现了学习与创新对人未来发展的重要性，充分迎合了21世纪追求创新、交流与合作的主流。

"信息、媒体与技术素养"包括信息素养、媒体素养、ICT（信息、通讯和技术）素养，体现了技术在未来世界存在的必然性以及对人类的生产和生活不可替代的价值。

"生活与职业素养"包括灵活性与适应性、主动性与自我导向、社会与跨文化素养、领导能力与责任能力，这些素养是在经济全球化环境中面对复杂多样的生活和职业世界应该具备的重要素养，是个体实现自主发展和适应社会应该要达到的目标。

（二）日本的核心素养框架

日本通过对社会发展变化的调查分析以及对核心素养相关理论的梳理，最终于 2013 年 3 月提出了"21 世纪型能力"的基本框架，即本国的核心素养框架，其内容包含了基础能力、思维能力和实践能力三方面，旨在培养能够适应 21 世纪社会的日本人。从具体构成来看，思维能力位于整个核心素养框架的核心，由发现和解决问题的能力、创造力、逻辑思维能力、批判思维能力、元认知和适应力构成。基础能力是思考能力的强大支撑，由语言技能、数量关系技能和信息技能组成，这三种技能的应用范围极为广泛，几乎所有的学科、领域都会有所涉及，是学生应该普遍掌握的最基本的技能。实践能力包括自律、建立人际关系的能力、社会参与力和可持续发展的能力，它对"思考能力"有着重要的指引作用。

综合来看，日本"21 世纪型能力"的三个方面有着很强的关联度，它们相互配合，共同构成了既符合日本国情又富有特色的核心素养框架，同时也反映了日本教育革新的新动向。

二、我国核心素养的整体框架

（一）核心素养整体框架的构建

核心素养是指学生应具备的、能够适应个人终身发展和社会发展需要的必备品格和关键能力。

学生发展核心素养的核心是培养"全面发展的人"，分为文化基础、自主发展、社会参与三个方面，如表 1-1 所示，表现为人文底蕴、科学精神、学会学习、健康生活、责任担当、实践创新六大素养，可具体细化为 18 个要点。

表 1-1　核心素养整体框架

核心	三个方面	六大素养	要点
全面发展的人	文化基础	人文底蕴	人文积淀、人文情怀、审美情趣
		科学精神	理性思维、批判质疑、勇于探究
	自主发展	学会学习	乐学善学、勤于反思、信息意识
		健康生活	珍爱生命、健全人格、自我管理
	社会参与	责任担当	社会责任、国家认同、国际理解
		实践创新	劳动意识、问题解决、技术运用

"文化基础"重在强调能习得人文、科学等领域的知识和技能，掌握和运用人类优秀智慧成果，涵养内在精神，追求真善美的统一，发展成为有深厚文化基础、有崇高精神追求的人。

"自主发展"重在强调能有效管理自己的学习和生活，认识和发现自我价值，发掘自身潜力，有效应对复杂多变的环境，成就出彩人生，发展成为有明确人生方向、有高尚生活品质的人。

"社会参与"重在强调能处理好自我与社会的关系，养成现代公民所必须遵守和履行的道德准则和行为规范，增强社会责任感，提升创新精神和实践能力，促进个人价值的实现，推动社会发展进步，发展成为有理想信念、敢于担当的人。

（二）文化基础框架

文化是人类存在的根和魂。

1. 人文底蕴

人文底蕴主要是指学生在学习、理解、运用人文领域知识和技能等方面所形成的基本能力、情感态度和价值取向，具体包括人文积淀、人文情怀和审美情趣等基本要点。

① 人文积淀。具有古今中外人文领域基本知识和成果的积累；能理解和掌握人文思想中所蕴含的认识方法和实践方法等。

② 人文情怀。具有以人为本的意识，尊重、维护人的尊严和价值；能关切人的生存、发展和幸福等。

③ 审美情趣。具有艺术知识、技能与方法的积累；能理解和尊重文化艺术的多样性，具有发现、感知、欣赏、评价美的意识和基本能力；具有健康的审美价

值取向；具有艺术表达和创意表现的兴趣和意识，能在生活中拓展和升华美等。

2. 科学精神

科学精神主要是指学生在学习、理解、运用科学知识和技能等方面所形成的价值标准、思维方式和行为表现，具体包括理性思维、批判质疑、勇于探究等基本要点。

① 理性思维。崇尚真知，能理解和掌握基本的科学原理和方法；尊重事实和证据，有实证意识和严谨的求知态度；逻辑清晰，能运用科学的思维方式认识事物、解决问题、指导行为等。

② 批判质疑。具有问题意识；能独立思考、独立判断；思维缜密，能多角度、辩证地分析问题，做出选择和决定等。

③ 勇于探究。具有好奇心和想象力；能不畏困难，有坚持不懈的探索精神；能大胆尝试，积极寻求有效的问题解决方法等。

（三）自主发展框架

自主性是人作为主体的根本属性。自主发展重在强调人们能有效管理自己的学习和生活，认识和发现自我价值，发掘自身潜力，有效应对复杂多变的环境，成就出彩人生，发展成为有明确人生方向、有生活品质的人。

1. 学会学习

学会学习主要是指学生在学习意识形成、学习方式方法选择、学习进程评估调控等方面的综合表现，具体包括乐学善学、勤于反思、信息意识等基本要点。

① 乐学善学。能正确认识和理解学习的价值，具有积极的学习态度和浓厚的学习兴趣；能养成良好的学习习惯，掌握适合自身的学习方法；能自主学习，具有终身学习的意识和能力等。

② 勤于反思。具有对自己的学习状态进行审视的意识和习惯，善于总结经验；能够根据不同的情境和自身实际，选择或调整学习策略和方法等。

③ 信息意识。能自觉、有效地获取、评估、鉴别、使用信息；具有数字化生存能力，主动适应"互联网+"等社会信息化发展趋势；具有网络伦理道德与信息安全意识等。

2. 健康生活

健康生活主要是指学生在认识自我、发展身心、规划人生等方面的综合表现，具体包括珍爱生命、健全人格、自我管理等基本要点。

① 珍爱生命。理解生命意义和人生价值；具有安全意识与自我保护能力；掌

第一章 绪 论

握适合自身的运动方法和技能，养成健康文明的行为习惯和生活方式等。

② 健全人格。具有积极的心理品质，自信自爱，坚韧乐观；有自制力，能调节和管理自己的情绪，具有抗挫折能力等。

③ 自我管理。能正确认识与评估自我；依据自身个性和潜质选择适合的发展方向；合理分配和使用时间与精力；具有达成目标的持续行动力等。

（四）社会参与框架

社会性是人的本质属性。社会参与重在强调能处理好自我与社会的关系，养成现代公民所必须遵守和履行的道德准则和行为规范，增强社会责任感，提升创新精神和实践能力，促进个人价值实现，推动社会发展进步，使公民发展成为有理想信念、敢于担当的人。

1. 责任担当

责任担当主要是指学生在处理与社会、国家、国际等关系方面所形成的情感态度、价值取向和行为方式，具体包括社会责任、国家认同、国际理解等基本要点。

① 社会责任。自尊自律，文明礼貌，诚信友善，宽和待人；孝亲敬长，有感恩之心；热心公益和志愿服务，敬业奉献，具有团队意识和互助精神；能主动作为，履职尽责，对自我和他人负责；能明辨是非，具有规则与法治意识，积极履行公民义务，理性行使公民权利；崇尚自由平等，能维护社会公平正义；热爱并尊重自然，具有绿色生活方式和可持续发展理念及行动等。

② 国家认同。具有国家意识，了解国情历史，认同国民身份，能自觉捍卫国家主权、尊严和利益；具有文化自信，尊重中华民族的优秀文化成果，能传播和弘扬中华优秀传统文化和社会主义先进文化；了解中国共产党的历史和光荣传统，具有热爱党、拥护党的意识和行动；理解、接受并自觉践行社会主义核心价值观，具有中国特色社会主义共同理想，有为实现中华民族伟大复兴中国梦而不懈奋斗的信念和行动。

③ 国际理解。具有全球意识和开放的心态，了解人类文明进程和世界发展动态；能尊重世界多元文化的多样性和差异性，积极参与跨文化交流；理解人类命运共同体的内涵与价值等。

2. 实践创新

实践创新主要是指学生在日常活动、问题解决、适应挑战等方面所形成的实践能力、创新意识和行为表现，具体包括劳动意识、问题解决、技术应用等基本要点。

①劳动意识。尊重劳动，具有积极的劳动态度和良好的劳动习惯；具有动手操作能力，掌握一定的劳动技能；在主动参加的家务劳动、生产劳动、公益活动和社会实践中，具有改进和创新劳动方式、提高劳动效率的意识；具有通过诚实合法劳动创造成功生活的意识和行动等。

②问题解决。善于发现和提出问题，有解决问题的兴趣和热情；能依据特定情境和具体条件，选择制订合理的解决方案；具有在复杂环境中行动的能力等。

③技术运用。理解技术与人类文明的有机联系，具有学习和掌握技术的兴趣和意愿；能将创意和方案转化为有形物品或对已有物品进行改进与优化等。

三、核心素养整体框架建构的特点

通过对经合组织、欧盟、美国、日本以及我国的核心素养框架的比较，可以发现他们在价值取向、框架维度、指标遴选方面有很多共通之处，具有内在一致性。

第一，以培养全面发展的人为价值取向。虽然不同国际组织和国家在政治、经济、文化上存在很大差异，但是在"未来应该培养什么样的学生"这一问题上形成了较为一致的价值取向。例如，经合组织的核心素养框架以实现个人成功生活与发展健全社会为目标指引，重视提高个人的社会适应性；欧盟体现了"为个体终身学习服务"的理念；美国关注个人的职业发展需要；日本则重视培养学生适应未来社会的素质与能力。基于不同国情和背景，在不同驱动力的影响下，核心素养框架的目标表述尽管有着不同的侧重点，实际所蕴含的价值取向却殊途同归。它们都是以人的全面发展为目标，致力于培养完整的人与全面发展的人，这也是以人为本的教育理念的深刻体现。同时，各国培养全面发展的人不仅指个人自身的发展，其背后也暗含着个人与社会、国家共同发展的内涵。

第二，核心素养框架维度主要涉及文化学习、自主发展和社会参与三大领域，从整体上反映了国际社会对人才的共同要求。具体而言，经合组织的核心素养框架中"能互动地使用工具"对应着"文化学习"层面，"能自主地行动"可归为"自主发展"层面，"能在异质社会群体中互动"属于"社会参与"层面。在欧盟的八大素养体系中，"学会学习"和"创新与企业家精神"可以归为"自主发展"维度，"社会与公民素养"属于"社会参与"维度，"文化意识与表达""母语沟通能力""数字素养"等可归入"文化学习"维度。在日本的"21世纪型能力"框架中，"基础能力"属于"文化学习"维度，"思维能力"属于"自主发展"维度，"实践能力"属于"社会参与"维度。因此，只有充分整合这三个领域的素养，让每一种素养都能各就其位，互相有机地配合，建构起一个非常清晰、自成体系的核心素养框架，在不同情境的实践应用中共同发挥整合性作用，才能发挥促进学生个体终身发展和社会良好运行的双重作用。

第三，核心素养具体指标的遴选具有时代特征。核心素养指标不是随意选取的，而是时代的发展需要引发的。我们生活在一个日新月异、不断变化的世界中，时代在发生变化的同时会给教育带来更多的挑战，也会不断对人各方面的素养提出新的要求，所以不同时期的核心素养指标也不同。此外，随着经济全球化进程的加快，国际教育蓬勃发展，对未来公民素养的要求也在不断更新。要想成功应对未来激烈的国际挑战，就必须全面培养学生参与跨文化合作和竞争的能力，因此，"国际视野"成为各国现代公民所必备的素养。由此可见，在构建核心素养框架时，必须始终保持时代特色，时刻跟随全球主流价值的发展趋势，这样才不会被时代所淘汰。

综上所述，核心素养框架的具体要求反映出世界范围内人才培养的主要方向和趋势，而我国培养的人才也应能够面向世界，与国际接轨，因而国际核心素养框架对于我国学生核心素养框架的构建有着重要的借鉴价值。所以我们必须积极学习国际核心素养框架在价值取向、框架维度等方面的合理之处，建构出既符合中国发展需要，又符合时代发展需要和全球主流价值的核心素养框架，以推进中国教育质量的提高，为我国乃至全球培育出新一代的具有核心素养的人才。

第五节　核心素养背景下的课堂品质追求

一、课堂品质的研究现状

（一）国外研究现状

国外学者在"课堂品质"和"课堂质量"等方面的研究比较深入，并且在不断深入研究中慢慢形成了对应的理论体系。早在1632年夸美纽斯在《大教学论》中就提出了"班级授课制"和"课堂"的概念，他认为要找到一种有效的教学方法，这种教学方法不需要教师太多的投入，但是学生可以在此环境中实现多学。学校也因此可以做一些教育教学管理的工作，继而进入少喧嚣、少厌恶、少劳苦的课堂状态。从某种角度来讲，他就对于课堂品质的轮廓提出了要求，这为后续此方面的理论发展奠定了坚实的基础。接着苏联教育家巴班斯基在《教学过程最优化——一般教学论方面》中也提出教育教学活动会受到社会因素、心理因素和控制因素的影响，实际教学课程要想达到优化的状态，必须要妥善处理好这三者之间的关系，由此实现最佳教学方案的敲定，这样才能够展现出最为理想的教育教学效果。他这种将课堂品质标准化的做法，其本质反馈的也是课堂品质提升的诉求。美国著名的教育研究学者古德和布罗菲在《透视课堂》中也提出，生动课堂需要使用特定的教学方法，要处理好教师期望与学生表现之间的关系，要处理好课堂教学与学习方式之间的关系，要关注课堂的组织，要关注课堂的动机，要关注课堂的指导，由此使用对应的方法，使得实际的课堂朝着高效化的方向发展。还有些学者对于课堂品质或者课堂质量提升的路径进行了分析，比如美国学者瑞德里认为需要构建积极的课堂环境，使得学生成为自主学习的行为主体，由此使得课堂朝着优质化的方向发展。他认为可以以打造积极课堂环境的方式，使学生的情绪安全感、趣味感、自信感、归属感得到满足，由此促使教学互动朝着高效化的方向发展和进步。雪梨等在研究有意义的课堂的时候，认为教师、学生和研究三者之间的关系必须要处理好，这是打造有意义课堂的关键所在，也就是说要处理好学术研究与教学实践之间的关系。

20 世纪 80 年代，国外学者倾向于建立课堂教学有效性的标准，针对于此形成了多种指标体系，对于实际教学行为进行评价，以推动实际课堂效率朝着更加理想的方向发展。比如，夏洛特·丹尼尔森在专业实践构成框架研究过程中提出了对应的课堂有效性标准。

还有一些学者倾向于从抓住有效教学特点的角度进行研究，他们认为只要可以总结出有效课堂的特点，就可以界定实际课堂品质。比如，赫斯特认为，有效课堂的特点可以归结为以下几点：学生兴趣浓厚；学生的学习动机被激发；学生有着充分的自主权；学生能够掌握书本上大部分知识，并且进入知识拓展的状态，可以自主学习课外的知识；学生可以热情地进入讨论的状态，并在课后保持长时间的探究；学生的学习行为是自主的，而不是被动的；学生内心是很希望参与学习活动的。

美国素质教育权威托马斯·里克纳在《美式课堂——品质教育学校方略》中也稍微提及了建立品质课堂的部分策略，比如，营造一种民主的课堂气氛、在课堂中建立道德社区等，但他更多的是从培养学生的优秀品质的角度来研究的，而课堂品质的研究只是极为次要的。浙江、上海等地在提升课堂教学品质方面进行了一些有益的尝试和探索。比如，浙江杭州中学在研究中把课堂高品质的风格定为"简约、丰厚"，把课堂高品质的目标定位为"轻负、高质"，而上海交大附中则提出了"新思维创设活跃课堂气氛、新方式搭建互动备课平台、新结构演化生成情境、新设计促进练习整体提高、新评价注重质量绿色发展"高品质课堂的五要件，即从课堂气氛的调动、互动平台的搭建、情境设计、练习设计、可持续发展几个方面阐述了高品质课堂的实施途径，对一线教师的教育教学有很好的借鉴作用。

（二）国内研究现状

国内关于课堂质量或者课堂品质的研究，也有着很多令人瞩目的研究成果，这些研究成果也是引导课堂高效化发展的理论依据。对这些研究成果进行归结，可以将它们划分为如下几个方面。

第一，课堂质量或者课堂品质影响因素的分析。比如，黄美初等人以翻转课堂教学模式为对象，分析影响翻转课堂教学质量的关键要素，最终发现影响课堂质量的因素包括自主学习能力、获取支持的能力、课外学习时间三个方面。当然也有部分学者倾向于单一维度去探讨课堂教学质量的影响因素的问题，比如，李杰提出要处理好教学设计与教学质量之间的关系，要做好教学设计工作，这是提升课堂教学质量的前提和基础。再者，范杰认为在实际课堂教学质量提升的过程中，教学资源的合理配置是至关重要的环节，不容忽视。

第二，提出要高度重视课堂质量或者课堂品质的提升。比如，辛党安以四十分钟课堂为对象，分析实际课堂质量提升的重要性，认为将其作为开展教学的重要落脚点，确保处理好师生之间的关系，实现课堂教学行为的管理和控制。

第三，更多的学者和专家关注的是课堂教学质量评价工作的开展。比如，郑有春等人认为要尊重当前双轨运行的基本现实，实现教师课堂教学评价体系的构建，将其作为实现课改的重要驱动力，引导教师积极思考自身教育教学存在的问题，继而做好针对性的改善和调整，为此不仅需要改变教师的评价指标，还需要改变学生的评价指标，在此基础上实现指标比重的合理设置，形成完善的教学质量反馈体系，不断提升实际的课堂教学质量。石红姣等人认为需要建立针对高校教师的课堂教学质量评价体系，认为实际的优化需要做好如下工作：建立科学有效的课堂教学质量评价方法，使用四位一体的联合评价机制，形成有效的反馈机制，妥善处理好课堂教学质量评价结果，由此确保实际的评价机制成为教学质量提升的重要依据。

二、核心素养背景下的课堂品质内涵与特征

（一）核心素养背景下的课堂品质内涵

核心素养背景下的课堂品质就是指关注学生生命成长的课堂品质，在教师引领和学生主动参与的过程中，通过学生真实的学习过程、温暖的学习情景、愉悦的学习体验，实现在单位时间内高品质、高质量地完成学习任务，促进学生最大化发展的课堂品质。

核心素养背景下的课堂品质的学理原点就是教育的本质内涵和课堂教学的"原本意义"。教育是"为人"和"人为"的精神活动，其本质就是让学生明白人之所以"为人"的原因，帮助学生发现自己，构建属于自己的独特精神世界，完成个性生命的建设。这个过程是"人为"的，也就是经过人的主动意识对人进行培养的过程。因此，教育是传承和发展人类优秀文化的过程，是使人获得精神成长的过程，是群体生命之间交互作用的过程。

课堂教学是最基本的教育活动，具有实践性和认识性，也具有文化属性。课堂是最重要的教学互动场所，课堂教学也是最主流的教学模式。在课堂教学中，教师与学生通过教与学的互动，共同学习人类优秀文化，从而获得生命成长。也就是说课堂教学本身就是一种文化存在，课堂文化是教学内容与教师"教"、学生"学"的有机整合与创生。因此，课堂教学成为文化传承的渠道，有价值追求的目标，有心灵成长的过程，有精神互动的体验。

（二）核心素养背景下的课堂品质特征

核心素养背景下的课堂品质要立足于教育的本质内涵和课堂教学的"原本意义"，关注学生的生命成长和学习体验。

1. 高尚的课堂

课堂充满"爱"、弘扬"真善美"的深刻立意让课堂焕发出生命活力，为课堂赋予了"育人"的永恒意义。

2. 真实的课堂

课堂教学的真实性体现为教学过程的真实和活动机制的真实。课堂教学作为教育的基本方式，其过程是基于以教学内容为载体的教师"教"的活动和学生"学"的活动之间的互相作用而生成的。

3. 丰厚的课堂

课堂要体现出"品"的高层次和"质"的厚度和质感,丰厚的课堂主要指教学目标与教学过程的丰厚。

4. 灵动的课堂

课堂的灵动性主要体现为教学过程结构与学习方式的灵动,教学过程要去"模式化",因为面临不同的学生和不同的教学内容,课堂教学过程结构也必将不同。

(三)核心素养背景下课堂品质的标准

1. 教学过程科学、完整、高效

课堂品质的权衡是一项系统化的工作,其需要展现出不同的特点,使得实际的课堂质量朝着更加理想的方向发展和进步。核心素养背景下课堂品质的权衡主要会从如下几个视角来进行。

(1)教学过程的科学性

也就是说教学行为需要以学生的学习特点、学习兴趣和学情为基础,在此基础上制订出对应的教学策略,引导实际的教育教学朝着科学化的方向发展和进步。而为了能够达到这样的教学目标,就需要以科学的教育思维为主导,采用科学的教育教学方法,创设更加科学的教育氛围。

(2)教学过程的完整性

教学过程的完整性主要强调实际教育教学主体的完整性,鼓励教师、学生、家长和社会协同参与,形成良好的交互机制;要强调教育教学内容的完整性,也就是说要依照新课标的诉求,确保将学科核心素养培育的内容进行拆解,由此进入更加全面的教育教学状态;要强调教育教学评价的完整性,鼓励师生协同参与其中,改变以往单一化的不合理的教学评价格局。

(3)教学过程的高效性

教师要能够依照实际学情,处理好实际教育教学与教学目标之间的关系,使有限的教学投入获得更好的教学效益,并在此基础上使实际教育教学课堂展现出高效化的特点。

2. 具有可持续发展性

可持续发展意味着要坚持以学生全面发展和终身教育为基准,确保课堂教学能够在可持续性和发展性方面表现出巨大的优势,继而使实际的教学工作朝着更加理想的方向发展和进步。也就是说,课堂教学品质的提升需要以可持续发展性为基准。在课程内容设置方面，需要有一定的延展性和开放性，确保学生在这样的内容设置格局中获得更多体验，在不断思考探究中进入更加理想的教育格局；在实际的教学方法方面，需要更关注学生的自主性，激发其探究欲望，给予其发表自己意见和建议的空间，使其可以在更加自由平等的环境中去学习；在实际教育教学评价方面也需要强调发展性，以形成性评价为主要效能，关注学生的发展评价，确保实际的评价成为引导学生全面发展的重要支撑。

三、核心素养背景下的课堂品质实施策略

核心素养背景下的课堂品质要做到有"品"有"质"就需要科学的实施策略，从教师个人素养、教学活动机制等方面进行革新，真正实现课堂品质的有效性。

（一）提升教师个人素养

教师是落实课程教学的前提和基础条件，是品质课堂的主要实施者。打造品质课堂的先决条件就是教师要有品质。

从个人品性方面讲，教师要有好人品，有正能量，有一颗热爱教育和学生的心，有较强的敬业精神和责任感。

从个人学识方面看，教师要有良好的学习习惯，有与时俱进的革新精神。

从教育教学能力方面看，教师要不断磨炼和总结经验，不断反思教育教学方法，自我施压，不断改进，把握最新的教育动向，及时运用和尝试教育观点和方法。

从言行方面看，教师要注重细节，美化自我形象，真正让学生喜欢自己。当教师能够用最美的形象感化人、用渊博的知识鼓舞人、用温暖的语言打动人、用敏捷的思维引导人、用细腻的行为关爱人、用清晰的思路引导人、用最新的观点启发人的时候，品质课堂的落实就具备了最好的前提条件。

（二）优化课堂过程

十年磨一剑，功在课前，教学过程的优化和教学活动机制的运用与创设，是教师课前必须要做的功课。

第一，把握学科本质，明确育人价值，准确设定目标，这是优化教学过程的基础。教师要切实做到内容、目标、策略的呼应与吻合，使课堂教学过程的难易繁简安排得合理有序；要强化课后反思，提炼短板和优势，在改进中进步，让品质课有厚度与质感。

第二,注重环节安排、巧妙设定方法。品质课切忌课堂教学"模式化",教学预设与教学实施不是一回事,教师要针对学生的学情变化及时调整和改动课堂教学流程,这就是"以学定教"。

第三,认真做好学生思维探索。课堂教学中要随时观察"教"与"学"的弱化和强化状态,教师要用富有逻辑的引导语、富有趣味的激情语、富有想象的提问语把学生的思维状态归位到应有的状态中去,真正做到"目中有人""学中有思"。

(三)重构课堂结构

新的课堂结构应该定位于发展学生的核心素养,促进学生学习的自主性、社会性和情境性,让学生学会学习、学会担当、自主发展,加强学生学习的关联性和差异性,这样才能更好地促进实践创新和夯实人文底蕴、科学精神。课堂结构重构最为关键的是价值和教育理念的重新定位,必须从以往的"双基"和"应试"的价值定位转变为学生核心素养的发展,从"以教师为中心"的课堂转变为"以学生为中心"的课堂,课堂的其他要素如时空、技术、内容和教法也需要进行相应的重构,为核心素养的发展创造合适的学习环境和学习机会。

1. 课堂时空的重构

基于互联网技术,学生可以随时随地在线学习,也可以自定步调、因时因地学习,新的课堂时空结构要能有助于学生个性化定制,并将校内和校外的学习有机联系起来,从而符合学习的差异性。比如,翻转课堂实际上就是对课堂学习时间的一种重构,微课则是对学习者学习时间碎片化的一种适应。未来的课堂时空结构将赋予师生更大的自由和选择权。它不再是整齐划一的,而是会根据师生的需要自由定制。

2. 课堂技术的重构

课堂技术的重构要体现学习的主动性和差异性。技术结构的重构不仅体现在新技术的应用上,同时也体现在技术应用背后的理念上。新的技术结构构架要以学生的学为中心。技术的角色将从辅助教师传递信息向辅助教师了解学生和开展个性化学习转变,从强化"双基"向发展核心素养转变。技术的应用将进一步辅助教师成为课程的建设者、教学的实践者、教育教学的研究者。

3. 课堂内容的重构

课堂内容的重构要能体现学习内容的联系性。为了发展学生应用多学科知识解决问题的能力,课堂内容的重组将引入交叉综合课程,同时注重学习内容与生产实际、学生生活的联系，扩大学生个性化选择空间。学生更多地开展项目学习，课程与课程的边界被打破，学科内容的边界将逐渐模糊。不同学科交叉融合，学生的学科综合能力得到提升。

品质课堂是以价值为追求，以目标为导向，以活动过程为渠道，以核心问题为基点的。所谓核心问题，是对本节课内容本质的高度概括，是对本节课学生学习核心任务的高度概括，并必然直接指向本节课教学目标的实现。因此，核心问题的提炼与设计将成为品质课堂的重中之重。核心问题的精准度和深刻性将直接影响教学过程的设计和质量，也必将直接影响课堂教学的质量。当教师吃透教材内容并反复锤炼论证后确定了核心问题，就为品质课堂准备打下了坚实的基础。核心问题之下的子问题设计都是为解决核心问题服务的，也是为实现教学目标这个中心服务的。教师要将抽象的结构化知识转化为具体的情境化问题，形成一个个问题单元，促成学生对知识结构的构建。

4. 课堂教法的重构

课堂教法的重构将会产生新型的学习组织，促进学生自主和合作学习，并且更好地体现学习的自主性、社会性和情境性。课堂的学习边界将会被打破，学生的学习将不再仅仅是个体性的学习，他们可以自己组成学习团队、选择学习伙伴，在更广的范围内开展合作学习。此外，课堂和班级的教学边界也将被打破，教师将以团队的方式开展教学。教师可以根据自己的专长自定角色，与团队共同开展教学。学校的边界也将被打破，学生的学习将不再仅仅局限于学校内，师生可以共同参与社会议题的讨论，参与周边社区真实存在的问题的解决，社会与学校边界日益淡化，校内校外学习活动联成一体。

课堂结构是一个整体，各层之间以及各要素之间需要协调一致发挥功能，因此课堂的结构重构需要系统的进行。单一改变某一层面或部分要素而忽略其他层面和要素会造成课堂结构内部的不协调甚至是自相矛盾，从而影响课堂价值的达成。比如，平板电脑进入课堂之后，在技术上确实能够实现更丰富的内容呈现和更多样的师生互动，但是其效果却不理想。首先，上课时间和内容并没有改变，时间还是40分钟，教师大部分时间统一讲授教材上的新课，通过平板向学生播放演示文稿，中间穿插几个题目检测学习效果。上课的节奏以及平板播放的内容完全由教师统一控制。结果，本来有潜力支撑主动学习、自定步调学习和交互合作学习的平板进入课堂后却变成了一台统一步调的显示器和刷题机器，其根本原因就是课堂的其他层面和要素没有进行相应的重构。如果课堂价值仍然定位在为"应试"而让学生掌握"知识点"上，平板最多只能让师生在错误的道路上越走越远。因此单一的技术更新是不够的，只有课堂在时空、内容、教法、价值、理念等方面都做出相应的重构，平板才可能在促进学生核心素养发展上真正发挥作用。

总之，品质课堂要紧紧围绕"立德树人"的理念，关注学生生命成长，把学生核心素养的培养作为价值追求，从课堂教学实际出发，从学生、教师、课程的本真出发，以教学目标为抓手，突出核心问题提炼，优化教学实践活动，实现课堂教学的最优化。

第二章　课堂教学革新

　　课堂教学是发挥学生主体性的重要载体，课堂教学方式影响着学生课堂学习的效率，是学生成为学习的主体、参与教学过程的重要保证。学生核心素养的培育对课堂教学革新起到了促进作用。

第一节　课堂教学及其作用

一、课堂教学及其构成要素

　　课堂教学是由多个相互联系、相互作用的要素构成的有机整体，是一个动态运行的过程。教师、学生、教学信息、教学媒体是其基本要素，教师既是教学过程的设计者，也是学习过程的指导者；学生是学习活动的主人；教学信息是教学内容及相关要求的反映；教学媒体是教学信息的载体和学习的工具。具体说来，课堂教学包括以下几个构成要素：课堂教学目标、教师和学生、课堂教学内容、课堂教学方法和手段、课堂教学组织形式以及课堂教学环境。

（一）课堂教学目标

　　教育是一种有目的的社会实践活动，目的性是人类实践活动区别于动物本能的根本所在。在教学之前，教育者的头脑之中一定会存在关于教学的预期结果，课堂教学活动的预期结果就是课堂教学目标。课堂教学目标是教学活动的出发点和归结点，伴随于整个教学活动的始终。教学目标决定着课堂教学的方向，对课堂教学起着导向、激励、调控和评价的作用。

(二) 教师和学生

教师和学生是课堂教学活动的共同参与者，是两个主体，二者既相互独立，又密切联系，离开任何一方教学活动都无法正常进行。教师和学生相互独立，二者的职责有着显著的差别。教师的主要职责是传递知识和技能，起主导作用；学生的主要任务是接受教师的教育，学生的学习需要教师的正确引导，双方不能相互替代。此外，教师和学生又是相互联系、相互制约的，即所谓的"教学相长"。在课堂上，师生之间应该建立平等的对话平台和渠道，让学生觉得教师不是教学内容的垄断者，更不是课堂教学的主宰者，不是所有的问题都由教师一锤定音，而是可以在师生之间开展对话交流，在对话互动中完成和深化教学。

(三) 课堂教学内容

连接教师与学生的不仅是课堂教学形式，更重要的是课堂教学内容。在课堂教学中，教师对学生的教育主要是通过向学生传递科学文化知识来实现的。教师在课堂上所传递的科学文化知识就是教学内容，是教师对学生施加教育影响的必不可少的"中介"。精心组织设计教学内容是优化课堂教学、提高教学效率不可缺少的一个环节。教师对自己的教学内容要有明确的认识，知道自己在教什么，并且知道自己为什么教这些内容。只有这样，学生才能学得明白，学得透彻，学得有劲头。

(四) 课堂教学方法和手段

教师要把科学文化知识传递给学生，促进学生的全面发展，就必须借助一定的方法和手段。有效的教学方法和手段是完成教学任务、实现教学目标的基本保障。

教学方法是教师和学生为了实现共同的教学目标，完成共同的教学任务，在教学过程中运用的方式与手段的总称。按照教学方法的外部形态和这种形态下学生认识活动的特点，可以把比较常用的教学方法分为以下几类：以语言传递信息为主的方法；以直接感知为主的方法；以实际训练为主的方法；以欣赏活动为主的方法；以引导探究为主的方法。

课堂教学手段是传递教学信息的媒体和教学的辅助用具，包括传统的黑板、粉笔等一般教学手段。但是，社会在发展，教学手段也在不断更新，科技的发展给人们的劳动生活带来了极大的便利，效率得到了大幅度提高。融合现代技术，优化课堂教学手段,可以激发学生的学习兴趣,调动学生的学习积极性,创设乐学情境,为提高教学效率奠定良好的基础。

(五)课堂教学组织形式

教学组织形式是关于教学活动开展在人员配置、时间和空间安排等方面形成的特殊方式、结构和程序,是课堂教学顺利进行的组织保证。学生个体差异的客观存在、社会对人才需求的多样性及教师的创新性,决定了课堂教学组织形式的多样性和灵活性。但从类型看,课堂教学组织形式主要包括同步学习型、分组学习型和个别学习型,它们对完成教学任务、实现教学目标有着不同的作用。

(六)课堂教学环境

课堂教学环境是复杂而特殊的,直接影响课堂教学活动的效果,一般包括物理环境和心理环境两方面。物理环境主要包括教学的自然环境、设施环境和时空环境,是课堂教学顺利进行的物质条件。良好的教学物理环境有利于营造积极的教学心理环境,有利于运用灵活多样的教学方法,有利于选择综合个性化的教学组织形式,有利于促进学生的成长和发展。课堂教学心理环境是由课堂内部所有人的心理要素所构成的一种无形的"软环境",是课堂教学活动赖以进行的心理基础,由班风、人际关系、课堂心理气氛等因素构成。良好积极的课堂教学心理环境可以成为传授知识、培养情趣、启迪智慧、提高觉悟的催化剂。心理环境的营造,需要教师以自身的人格魅力感染学生,以倾听、接纳、欣赏的方式鼓励学生,以民主、和谐的作风组织教学。

二、课堂教学的作用

课堂是一个充满活力的生命整体,借助教师的主导作用,发挥着学生的主体作用,从而营造出知识学习的空间。

(一)向全体学生进行大规模教学

课堂教学以"课"为教学活动单元,能保证学习活动循序渐进地进行,并使学生获得系统的科学知识。在课堂教学这种模式下,一位教师能同时教许多学生,扩大了单位教师的教学能量,有助于提高教学效率,而且使全体学生共同前进,因此,适用于面向全体学生的大规模教学。

（二）体现教师的主导作用

课堂教学是由教师设计、组织并实施，以教师的系统讲授为主，兼用其他方法，可以保证教师主导作用的发挥。同时，课堂教学有着固定的班级人数和统一的时间单位，这样有利于学校合理安排各科教学的内容、控制教学的进度，有利于加强教学管理。

（三）有利于学生多方面发展

课堂教学是以班集体的形式组织师生共同学习，学生之间由于共同目的和共同活动集结，可以互相观摩、启发、切磋、砥砺；学生可与教师及同学进行多向交流，互相影响，从而增加信息来源或教育影响。同时，课堂教学在实现教学任务上比较全面，有利于学生多方面的发展，可以保证学生获得系统的知识、技能和技巧，启发学生的思维、想象能力及激发学生的学习热情等。

1. 知识传递

传授知识可以使学生迅速获得人类长期积累的文明经验、知识谱系，是课堂教学最原始的功能。这里所说的知识是广义的知识，既包括基本的原理、解决问题的技巧方法，也包括社会生活的规范等。课堂教学突破了时间、空间的局限和个体直接经验的制约，扩大了学生的知识范围，大大提高了学生获得经验的速度。

2. 技能形成

技能是指综观全局、认清为什么要做某事的能力，也就是洞察事物与环境相互影响之复杂性的能力，通常分为心智技能和动作技能。形成技能的过程和传授知识的过程是统一的，是相辅相成的。只有形成熟练的技能之后，学生获得知识和运用知识的过程才能得以简化。例如，只有当学生熟练掌握认字和写字的技能后，才能把注意力从认字和写字上面转向如组词、造句和作文等更高级的思维活动，可见技能的重要性。知行关系的建构十分重要，知行可以相互转化，达至知行统一。

3. 智能培养

掌握了知识和技能，并不意味着自动地培养了智能。感觉、记忆、回忆、思维、语言、行为的整个过程称为智能过程，它是智力和能力的表现，是心理潜能打通"任督二脉"的结果。大量事实证明，很多学生靠死记硬背学到了知识，凭机械训练获得了技能，但因为没有较高水平的智能，不能融会贯通，在学习和工作中往往缺乏创造性，事倍功半。课堂教学培养学生智能的主要途径有以下两种：

一是根据学生的心理特征和个别差异，鼓励学生使用独立探索的方法获得知识；二是教给学生像比较、类比、归纳、演绎、分析、概括等基本思维方法。

第四，人格提升。学生人格的提升是在多样的课堂学习中实现的，是潜移默化和长期积淀的结果。在课堂教学中，教师会以一些著名科学家、运动员或英雄模范人物的励志事迹教育学生，要求学生在学习和生活中克服困难，培养坚忍的毅力，促进人格的提升。

（四）促进课堂教学的社会发展

课堂教学是适应并促进社会发展的有力手段，是把社会和个人联系起来的重要纽带，是完成人类知识文化传递和继承的中间环节，是社会延续发展不可缺少的条件。课堂教学的社会发展功能也是多方面的。

1. 促进经济发展

当代经济发展已由依靠物质、资金的物力增长模式转变为依靠人力和知识的资本增长模式。课堂教学可以帮助学生形成适应现代经济发展的观点态度，提高学生的文化素质，传授给他们从事某一职业所需要的专门知识技能，为经济发展提供支持。

2. 促进文化发展

课堂教学过程中，学生可以在较短时间内吸收人类文化的精华，继承和传播人类文化。通过对不同文化的学习，学生有能力对文化进行选择、创造，对旧的文化进行变革、整合，有助于形成新的文化，促进文化的不断丰富和发展。

3. 促进政治发展

课堂教学中可以渗透社会政治意识形态，使学生的思想逐渐实现政治化和社会化。民主的课堂教学可以使学生形成政治民主化的观念，有利于培养学生正确的世界观，促进社会政治的稳定、完善与发展。

三、核心素养下的课堂教学

（一）核心素养与课堂教学

为了更好地理解课堂教学与核心素养之间的关系，教育者需要将其置于更广阔的教育背景下进行分析。学校教育是培育和发展学生核心素养的主要渠道。而在学校教育中，课堂是学生的学习场所，课堂教学要服务于学生核心素养的养成。因此，课堂教学是学校培育学生核心素养的根本途径，抓好课堂教学就等于掌握了培育学生核心素养的要领。课堂教学借助课程，通过师生之间、同伴之间的互动教学活动，在学生的经验习得、经验改造、经验固化方面发挥作用，有效的课堂教学能够发挥培育学生核心素养的潜在功能。

（二）核心素养下课堂教学的特征

核心素养是学生的发展目标，是学生通过教学活动建构的主要内容，是学生能动主体的动能所在。基于核心素养的课堂教学注重对学生关键能力和必备品格的培育，即重视学生的知识、技能、情感、态度、价值观的联结。不同于传统的教学模式，核心素养理念指导下的新型课堂教学具有以下三个新特征。

1. 素养性

教育目标决定了人才培养的规格和方向。核心素养理念指导下的新型课堂教学的教育目标以发展学生核心素养为本。核心素养下的课堂教学不同于传统的学科本位教学，其呈现出较强的跨学科性和课程整合性，这也为知识的整合与迁移提供了便利条件。以培育学生核心素养为本的课堂教学，坚持以学生为中心，注重学生的情感体验，教学活动密切联系学生的生活经验，并引导学生回归生活。当然，核心素养理念指导下的课堂教学允许学生个体差异的存在，支持学生的"异见"。在课堂教学中，教师应积极创设有利于学生核心素养发展的条件，尽量使每个学生的能力都得到全面发展。

2. 动态性

教学预设是指教师对课堂教学的规划，教学预设的提出能够保证课堂教学的有序开展，并在一定程度上保证了教学的质量。课堂教学是一个开放的系统，教学不可能始终朝着预设的方向发展。师生投身于教学活动中，互相启发，发现问题，在交流对话中生成新思想和新观点，解决新问题，这些都是教学生成的结果。因此，教学要兼顾预设与生成。当学习主体、学习方式和教学环境发生了变化，课堂的动态生成也将随之变化。教师只有做好充分的预设，才能够在超出预设时提出解决策略。另外，教师在重视学生生成的同时，不能忽视自身的生成。教师受环境与学生主体的影响，可以产生教学灵感，并形成即兴的教学思路，补充和完善原有的教学设计。

3. 发展性

"学科本位"和"知识本位"的教学模式片面强调学科理性，未能着眼于师生的长远发展，而核心素养视域下的课堂教学倡导在平等、合作、和谐、发展的环境中实现师生的共同发展。师生在人格上是平等的，即教师和学生作为课堂教学的两大主体，应以平等的方式展开对话。课堂教学是建立在合作的基础上的，师生能够通过共同探讨教学问题、共同感受活动过程、共同分享学习经验来有效提高教学效率。课堂教学的各个要素是和谐共存的，包括师与生的和谐、教与学的和谐。课堂教学本质上是一个动态的、发展的过程，师生在人际交往和互动活动中寻求发展。

第二节　课堂教学革新的意义与本质

一、课堂教学革新的意义

（一）重塑课堂教学的社会化价值和生命意义

学校教育的"人的社会化"任务并非仅靠特别的课程或活动去完成，还要聚焦于学科课堂教学的互动维度。课堂环境将诸多社会性的元素加以体现，同时也将其隐含于教学深处。因此，从人的"社会化成长"的教育任务这一角度来看，课堂革新具有特别的意义。

课堂是社会环境的缩影，可以为学生提供实践的教育任务。当课堂成为社会的缩影时，人的社会性适应就可以在其中获得体验。因此，课堂革新可以打造面向未来的教育，培育学生的系统思维能力，训练学生调动系统思维的能力，从而激发学生综观全局的本能。

课堂革新可以加深学生对生命的认知，激发其追求成功的信心和勇气。课堂教学革新，从现实角度而言，能够培养学生敏锐的直觉、解决问题的能力、综观全局以及将问题简单化的思维习惯，会让学生时不时地冒出极富远见的想法，让师生共同感受到教育对学生生命成长的意义，让学生意识到追寻生命意义是自身的根本需求，让教师在提高学生学业成绩的同时，思考促进学生生命成长的方法与手段，进而在课堂教学中设计一些让学生参与的极富创造意义的活动。

课堂革新可以实现知识的社会建构，提升教学的社会性价值。"知识是社会建构的"，这一观点更加显示了课堂教学的社会化价值。如果说某个东西是被建构的，意思是它不是被发现的，而是被建立的。例如，一块石头被人合力推到山上，这就是社会建构的；一块石头自然地立在山上，被人发现了，这就不是社会建构的，而是被发现的。建构是有组织地建立，不是偶然地建立。为什么去有组织地建构？因为有需求和利益，这是现实和未来不可避免的、别无选择的。

（二）体现信息时代课堂变革行动的教育意蕴

面对踏上信息高速公路的现代社会，课堂教学革新可以更好地让教师适应时代要求、更新知识，打造以互联网技术为核心的"新兴课堂"。

信息技术的发展可以引发课堂教学方式的变化，一方面可以解决传统课堂教学中存在的反馈困难的问题；另一方面可以让教师迅速了解学生个体的学习状况和整个班级的知识点掌握情况，及时调整教学进程和方式。革新后的课堂教学可以适应信息技术发展的要求，从而创造新型的教学风格，引发课堂对话方式的改变，让课堂教学模式发生改变，进而改变传统课堂教学中相当多的学生保持沉默的现象，让学生更愿意与教师或同伴公开交流，或是以书面表达的方式，或是以真诚的言语沟通，从而让学生在不知不觉中进入学习的中心地带。

（三）彰显课堂教学的实践育人本质

课堂教学是基本的也是充满学理观念的教育实践活动，其中教师的教育观、课程观、教学观和学习观等是课堂育人文化的动力资源。例如，教师对学生的尊重、关爱与道德示范，教师对课程文化价值的挖掘、对育人目标的架构，教师对"教"与"学"关系的把握、对教学结构的设计，教师对学生学习规律的把握、对学生学习过程的调控，等等。

彰显教师育人境界与课程文化精神的高尚性是塑造课堂教学实践品质的第一要义。在课堂教学中，教师要以至真至爱的教育情怀和高尚的道德情操尊重每一个学生的生命、智慧、人格与个性，要通过充分表达自己对所教学科的痴迷与自身的幸福感激发和鼓舞每一个学生对学习这门学科的信心与兴趣。课程内容是人类文化的精华，是系统化的、有价值的经验，蕴含着人类知识创造过程中的理想、信念、思想、情感、方法和智慧，对学生的生命成长具有多维、深刻的影响。这就需要教师充分挖掘课程内容背后的文化价值，最大限度地将人类优秀文化的基因嵌入学生的精神世界，给学生以深厚的文化教养，从而把学生主体的精神空间塑造得更加广阔、高远，并借此主动参与人类优秀文化的再创造。课程的文化精神是实现育人目标的根本滋养，没有深入挖掘并呈现给学生深厚而博大的课程文化，没有对学生现身说法式地表达自己对所教学科的热爱以至痴迷，课堂育人将成为空谈。

追求教学基本规律与学习活动机制的本真性是塑造课堂教学实践品质的根本要求。课堂教学是"以学定教"与"以教导学"的动态统一过程，这就意味着"教"与"学"总是彼此呼应、相辅相成的。当学生的"学"（思维、情感、态度等）处于弱势或遇到困境时，教师就必须对学生的学习给予适切的"教"（启发、激励、引导、讲授等）；伴随教师"教"的强化，学生的"学"也开始逐渐得到强化；此时，教师的"教"就要逐渐弱化下来，这样可使学生的"学"得到更好的强化。这才符合教学的基本规律。反之，如果教师忽略或无视学生"学"的状态，或者学生的"学"没有得到教师"教"的回应，那么，"教"与"学"就是缺位或错位的，也就不是本真的教学。

学习是一个"学"而后"习"的完整逻辑过程。"学"是一种获得知识和经验的"觉悟行为"，这种觉悟行为表现为个体通过对学习对象的感知达成理解和内化。"习"是一种获得知识和经验的"实践行为"，这种实践行为表现为个体通过对内化知识的巩固达成强化和迁移。为此，教师要立足于学生的学习逻辑，对课程内容进行与之呼应的教学设计和组织调控，这样才可以确保学生基于课程文本和教师调控进行科学的认知，从而使课程内容被学生所理解并创生出新的文化。反之，如果学生学习的逻辑与课程内容的内在逻辑不相符，那么，学生的学习也就不是科学而有意义的学习。

突显课程育人目标与学生学习过程的丰厚性是塑造课堂教学实践品质的核心指标。立德树人是实现课程育人目标的根本遵循，仅仅关注学会知识和提高分数的课程目标，显然与立德树人的任务要求相悖。

追求教学结构设计与教学策略选择的灵动性是塑造课堂教学实践品质的关键环节。课堂教学结构是指课堂教学各要素之间相互联系、相互作用而形成的教学活动的组织进程。毫不夸张地说，课堂教学结构几乎决定性地影响着课程育人目标的实现。新课改实施以来，许多课堂教学革新有着固化的教学模式，诸如设置情境，激发兴趣；小组合作，互动交流；汇报展示，总结点评；巩固强化，应用拓展；等等。显然，这是以教学策略为主体搭建的教学结构。这样的教学结构意味着无论面对什么样的教学内容、什么样的学生，教师都将按照这一统一的模式或流程进行教学。至于课程内容如何选择和呈现，在这个流程里并没有得以体现。事实上，对于具体的一节课来说，即使课程内容相同，但由于学生的学情不同、教师的教学观不同，所采取的教学策略（包括让学生选择的学习方式）也会不同。因此，整节课所呈现的各个环节及其组织进程必然不同，课程目标的实现也将不同。这意味着以教学策略为主体搭建的教学结构必将难以实现课程的育人目标。

因此，课程内容应是架构教学结构的主体要素和先决条件。课堂教学首先要架构以课程内容为主体的教学结构，在此基础上选择和确定教学方式与学习方式（教学方式和学习方式是彼此呼应的）。这说明，依托以课程内容为主体的教学结构开展的教学是灵动的——课程内容的组织是灵动的，教学策略的选择也是灵动的。这就需要教师在进行教学设计时要深入追问"课程内容的核心本质和知识结构究竟是什么，学生学习这一课程内容究竟需要哪种学习结构"，在此基础上再构建课堂教学结构。显然，教学结构是由一个个问题构成的，而学生的学习过程就是解决每一个问题的过程。在这个过程中，教师应根据具体的问题以及学生解决这个问题的具体情境采取相应的教学策略。

立足文化的意义理解课堂教学的内涵、本质，站在立德树人的高度塑造彰显育人文化的课堂教学，这也许是深化课堂教学革新的一份文化期待。

（四）承担起新时代教育的使命

课堂并不仅仅是传递知识的场所，更是一种沟通的渠道，是师生之间借助交互作用相互传递信息、彼此交流，从而获得知识、变革自我的一种渠道。课堂教学革新能够让教师在承担起新时代教育使命的同时，引导学生通过探究性课堂展开能动的学习——同客观世界对话、同他者对话、同自我对话，从而最大限度地丰富每一个学生的探究体验，培育"求真、求善、求美"的探究精神。

（五）拓展课堂教学的意义

杜威曾说，教学永远离不开那些直达认知核心的情境，它的表现形式就是让学生自我表达。革新课堂教学后，就可以让教师主动为学生创造一个自我表达的空间，让学生的思维和活动进入教学过程中，从而将教与学的所有价值直接呈现出来。

课堂教学革新拓展了课堂教学对学生心理发展的意义。从心理学的角度来说，课堂教学理应将学生个体经历的事作为关注的重点，课堂学习本质上而言就是学生个体感受世界和思考的一种方式。革新课堂教学后，可以让学生的心理活动与智力活动保持一致，让学生在精神享受中学习知识，从而提升其心理素质，让学习成为一种精神享受。

课堂教学革新拓展了课堂教学对学生生活的意义。革新后的课堂教学不再仅强调"新知识对于考试、学业的重要性"，而是更加注重通过"内在的联结"让学生获得的材料变得"实在的有趣和必要"，实现内在和外在的联结。这样的课堂更加关注学生的生活，让课堂学习成为生活的延续，而不仅仅是让学生安静地坐下来学习那些枯燥的学科课程。在这样的课堂教学形式下，学生的学习是一种生活化的学习，是一种自我主动提升式的学习，是源于生活又回归于生活的学习，拓展了课堂教学对学生生活的意义。

二、核心素养背景下课堂教学革新的本质

基于核心素养的课堂革新在推动课堂变革朝着良好方向发展的同时，也潜藏着不少问题，如形式主义、新瓶装旧酒、曲解核心素养概念等。细究其原因，是一些学校和教师没有抓住基于核心素养的课堂革新的本质，有其形无其神，遮蔽了基于核心素养的课堂革新价值。要在课堂上有效培育核心素养，需要在质量、理论和实践三个方面认识和把握课堂革新的本质。

（一）质量本质的革新

学生是课堂革新的尺度，学生的最优成长是衡量一切课堂革新效果的基本标尺，基于核心素养的课堂革新也不例外。在课堂上培育核心素养不是目的，目的是通过核心素养的培育促进学生的最优成长。基于核心素养的课堂革新必须穿越核心素养的概念丛林，抵达学生最优成长的核心地带，才能引导学生把知识转化为自身的核心素养。高校与教师要穿越核心素养的概念丛林，就要在课堂革新中把握核心素养的价值属性，即在追问核心素养到底要发展"人的什么"、能够发展"人的什么"，以及"为了什么"发展等问题的过程中，明确核心素养对于学生发展的最大价值。综观世界各国核心素养的提出背景，其主要目的是改变学生的学习与发展状态，进而改变其将来在社会生活中的存在与发展状态，使其在未来社会中能够更好地生存和发展。因此，核心素养的基本价值属性是在未来社会中的生存与发展价值，未来的社会属性决定学生核心素养的价值属性。未来社会是一个变化速度快、变化跨度大、变化程度高的社会，"变化"是其基本特征。未来社会中人们生存与发展能力的核心是发现、应对和促进社会变化的能力。发现、应对和促进社会变化的关键能力是创新能力，由此确定，核心素养的最大价值就是培养具有创新能力的学生。

大学生这一创新主体要学会根据所处环境的变化和社会新境遇的挑战，积极调用自身经验和外界资源，主动学习并探究解决新问题的方略，以此形成新的思想、思维、知识结构与行动方案，并在践行中反思、调整，不断增强应对社会变化的主体性意识，提高主体性能力。

创新不仅是创造和发明，更重要的是应对和促进社会变化，创新主体要具有应对和促进社会变化的核心素养。因此，基于核心素养的课堂革新，其质量应体现在创新主体的最优发展上，其研究和革新的着力点应集中在如何培育创新主体这一关键问题上，即在夯实学生的文化基础方面，如何引导学生在人文底蕴和科学精神的提升中，为应对和促进未来变化铺垫知识与精神基础；在提高学生自主发展能力方面，如何利用自身的文化基础适应变化中的生活与学习；在社会参与方面，如何引导学生在实践创新的过程中，提高应对和促进社会变化的责任担当意识与能力。只有在这些方面取得了实质性突破，才能真正提高基于核心素养的课堂革新质量。所以，对核心素养导向下的课堂及其革新质量的评价，应集中在创新主体的发展成效和培育质量上。

（二）理论本质的革新

要想优效培育创新主体的质量本质，就要求课堂革新选择合适的理论做指导。目前，心理学、技术学、脑科学、教育生态学、后现代课程学等许多研究成果，虽然都能为创新主体的培育提供不同视角的指导，部分理论观点也有利于建构符合核心素养发展要求的课堂，但如何精选与整合这些理论，建构出最适宜于核心素养和创新主体发展的课堂革新理论，目前尚无相关研究成果。核心素养与创新主体的未来社会属性，要求课堂学习既要与复杂的人类生活共振，也要充分体现社会与学生未来发展的可能性。人类生活和核心素养培育的复杂性要求课堂革新具备复杂性思维；未来发展的可能性和创新主体的可塑性，要求课堂革新具备引领未来的理论视野。复杂性和未来性相互交融，构成了有利于创新主体发展核心素养的课堂生态。

（三）实践本质的革新

上述质量本质和理论本质，呼唤形成"与人类共振"的课堂样态的实践本质。与人类共振的课堂样态是指在课堂的整体布局与系统化的运转中，以人类社会和人的发展为参照，确定影响课堂质量的主要因素及其互动关系的基本样式。在核心素养的培育目标上，以未来社会对创新主体的基本需要为参照，确定不同学科或跨学科的教学重点；在课堂活动形式与环节安排上，以人类社会积累知识的主要特征和人的真实发展规律为参照，选用有利于创新主体改变心智模式、发展本质力量的课堂形式与活动环节；在课堂学习资源的选用上，以学生的个体世界、书本世界、现实世界的有机联结为参照，在多重世界的相互关联中选用学习资源，用活学习素材；在整体课堂形态的变化上，要与人类社会生活的发展节律基本一致，避免远离人类社会发展的课堂，实现课堂目标、活动、资源等与人类生活的共振。

基于核心素养的课堂革新，其实践本质是在建构接近生活的课堂的过程中，引导学生学会利用相关知识和技能分析、解决现实问题，从学校中的学生变为社会中的准学生，并有意识地提高在未来社会中的生存力与发展力，成为未来社会的创新主体。

质量本质、理论本质和实践本质共同构成了核心素养导向下的课堂革新本质。其中，质量本质是航标，决定着理论本质和实践本质的发展方向，理论本质是实践革新的指引，实践本质决定课堂革新策略的选用，理论本质和实践本质共同支撑质量本质。

第三节 核心素养对课堂教学革新的促进

一、对教师观的促进

教师和学生通过课堂活动的实施获得共同进步是教学的目的与意义所在，共同发展、教学相长需要在两个对象有效的互动过程中得以实现，课程革新将教师是否具备角色转换意识视为教师是否优秀的标准之一。课堂教学的实施不仅可以促使教师自主更新其落后陈旧的教育教学观，同时也提高了教师在教学素养能力方面的评判指标。

俗话说得好：要给学生一碗水，教师就要有一桶水。教师在学生核心素养的发展过程中扮演着培育者的重要角色，更需要"一桶素养水"。如果没有渊博的知识、过硬的专业技能、较高的学科素养，就无法适应当今时代教育教学新形势的要求，更无从去谈提高学生的核心素养。德洛尔说："教师的巨大力量在于榜样。"教师的榜样作用对学生的一生影响巨大，教师自身的行为在潜移默化中影响着学生。若要学生具有核心素养，我们的教师自己必须首先具备，并且在生活、学习和工作中将这种素养表现出来。

一是做终身学习者。教师注定要"活到老，学到老"。教师应把终身学习"内化"为自觉的行动，在学习中更新教育教学理念，提高自身理论修养，积极学习党中央文件和重大会议精神，树立立德育人理念；主动学习学生发展核心素养和学科核心素养理念，更新自己的教育观和课程观，认真学习课程标准，细心观察学生学情，努力提高自己的教育技能。

二是做创新行动的学习者。先进的教育教学理念如果不付诸实践，势必出现教育教学中"穿新鞋走老路"、说一套做一套的"两张皮"现象。唯有把先进的教学理念变成实际的教学行为，在教学中勇于尝试、大胆创新、积极探索，才能在实践中锤炼自身的教学技能，提升自身的教学品位和教学品质，练就教育的智慧，使自己的课堂充满生机和活力。为此，教师不仅要研究教材、教法，更要关注学情、师情、班情、校情，还要通过学习积极提高自身的课堂观察技能、群体合作技能、情感交流技能、课堂纪律组织管理技能、组织学生活动技能、跨学科互动素养、媒介素养等。

三是做反思研究的学习者。俗话说，没有最好，只有更好。新形势下，教师个体的课堂教学要推陈出新，需要精益求精的态度，更要不断反思和持续研究探索。唯有这样，才能不断超越自我，感受教育的快乐，提升自身的教育境界和核心素养，丰富教育智慧。教师对自己的教育教学行为或教育教学细节的追问、审视、推敲、质疑、批判，对课堂问题的追根溯源、剖析思考、改进完善，都是教学革新必不可少的元素。

二、对学生观的促进

学生是课堂教学的主体，学生的学习情况决定教学效果将会趋向何方。学生对自己学习模式和思维方法的转化可以通过"活动型"教学来实现，对于知识点的主动性建构可以帮助学生有效地解决自己在学习的过程中可能遇到的一些记忆困难、办法死板等问题。课堂教学是一种围绕议题而设计的教育性活动，需要全体学生亲身参与其中，亲身经历和体验，用所掌握的学科知识和方法去分析和解决存在的问题。

核心素养的提出弥补了以往教育培养目标缺乏整体性的缺憾，同时明确了学科教育应该赋予学生的最有价值的要素。以往的课程标准更多地关注学生所掌握的知识与技能的实际表现，很少体现现代意义上的学科核心素养。学生的核心素养应该是学科知识，学习过程与方法，情感、态度与价值观的综合体现。这样的教学目标比起以往，应该说是一个极大的跨越。教师是主导，是学生学习的助推者；学生是主体，是课堂的真正主人。教师的教发生了变化，迫切要求学生的学习方法也与时俱进、同步跟进，不能再局限于死记硬背、拿来主义。学生也要积极主动地参与课堂教学，学会在探究中掌握知识、培养能力、发展素养。要学会在教师的有效引导下，在真实的问题情境中培养自主、合作和探究精神，促进自身素养的全面提升。

三、对教学观的促进

（一）基于立德树人的教学

教育的根本任务是立德树人，通过"立德"途径来育人，最终实现"树人"。基于此，核心素养视域下的课堂教学应以引导人、激励人和感化人为主要目的。教师要将学科核心素养作为课堂教学实施的着眼点和目标，要坚持把立德树人作为教学开展的宗旨。在教学过程中，教师要设置辨析式议题，组织多样的教学活动，以此来激发学生的学习热情，从而增强学生的感觉辨析能力，进一步提高他们对真实社会问题的解决能力与处理自己与社会各种关系的能力，提升学生的核心素养。

（二）基于课程意识和学科本质的教学

开展以核心素养为导向的课堂教学要确立正确的课程意识。课程意识就是教师对课程的本质、功能及其与自身关系的认知。教师是课程的建构者，教师对课程的认识体现在课程设计过程中。教师要从学习者的角度出发设计课程，注重学生体验。核心素养视域下的课堂教学强调对学科核心素养的关照，其本质是引导学生形成学科思维，使学生学会从学科视角去观察世界、用学科思维思考问题、用学科语言表达观点和想法。

（三）基于学生学习的教学

核心素养视域下的课堂教学是以学为主线的课堂教学体系，它赋予学生学习的权利，鼓励学生自主学习和自我教育。而学科学习需要经历阅读、思考和表达三个基本环节才能形成学科核心素养。其中，阅读是指学生同文本的对话，思考意指学生同自我的对话，表达则注重学生同他人的对话。

四、对评价观的促进

教学评价体系是否合理对学生核心素养的培养具有极大的影响。以往教学中采取的评价方式多集中在考试成绩层面，未对学生能力素养的形成给予合理的判断,不仅影响学生学科学习的积极性,也难以使学生认识到思想品德教育的实质内涵。因此,现代教学评价体系不仅要倡导"多元化",更要凸显"个性化"。

第一,尽可能将评价指标细化为不同层面,通过学生学习与生活中的表现,判断其各方面的素养。

第二,个性发展是核心素养命题中不能缺席、不可缺位、更不能缺失的应有之义。个性是培养创新精神、提升创新能力的前提和基础。教育实践表明,学生个性如果得不到真正意义上的发展和提升,创新精神、创新能力必然只是响亮却无用的口号。

第三章　基于核心素养培育的课程建设

学生核心素养的培育离不开课程建设。课程是育人的载体，基于核心素养培育的课程建设是核心素养育人目标的必然要求，因此我们要建立与核心素养体系结构相适应的课程结构体系，真正使核心素养培育在学校课程中得到落实。

第一节　素养本位的学校课程构建

一、素养本位的内涵与价值

（一）素养本位的内涵

素养本位是针对学科本位取向的素质观而提出的，目的在于克服学科本位对学生核心素养培育的束缚，强调学生素养发展的跨学科性和整合性。因此，学校的课程建设应该秉持素养本位的价值取向，将核心素养作为出发点和最终归宿。

（二）素养本位的价值

1. 引领课程与教学革新的深化发展

长期以来，基础教育身陷"应试教育"的泥潭。学生核心素养的培养明显滞后于时代发展对国民能力素质的根本要求，人才培养的质量不尽如人意。然而，科学、明确、清晰的学生发展核心素养体系能够为课程与教学革新提供明确的目标；能够避免课程实施与教学评价过程中重要素养指标的缺乏；能够防止教学质量观存在价值取向偏差和能力结构性偏差。素养本位的学校课程建设正是遵循教育发展的趋势与方向，以发展学生的能力与素养为重点，以素养化的课程为主要途径，以此来全面提高教育质量、促进人才培养方式创新、深化课程与教学革新。

2. 学校课程建设的价值方向

当前学校课程建设呈现出多元化的价值取向，遭受着学界褒贬不一的评价。然而，国家教育法律法规政策给学校课程建设指明了方向——学校课程应该"以学生为本位"，实现每一个学生的终身发展，切实培养学生的核心素养。在当下的时代背景中，评判学校课程建设质量的标准不是课程文本的完善或课程数量，而是学校的课程建设是否以发展学生的核心素养为其基本价值取向，是否提供了培养学生关键能力和本校学生群体特定素养的课程。素养本位能保障学校教育理念不产生偏差，并能确保学校课程建设目标与发展学生的关键能力与核心素养相关联。因此，素养本位的取向是学校课程建设中各个环节和方面不可或缺的价值立场。

3. 学生自我发展的价值要求

受传统应试教育和学科本位的影响，学校为了追求升学率几乎把所有的精力与注意力都放在学科内容的灌输和机械训练上，而在学生的核心素养培养方面一直疏于真切关注和有效落实。然而，未来时代形势要求学生学会认知、学会生存、学会改变，并具有全球意识、国际视野和多元价值观；要求基础教育要培养学生的信息意识和信息能力，以及学生的创造型学力和思考型学力。面对这众多的要求与挑战，传统的学科本位的培养理念和学校课程已经不能满足学生的发展需求，素养本位的学校课程建设与实施才是培养学生素养、实现学生自我发展的主要途径和关键所在。

二、素养本位的学校课程建设维度

学校课程建设是指学校依据自身的教育理念、发展定位、学生需要以及校内外各种教育资源的现状，对现有的国家、地方与学校"三级课程"进行整合重组，从而构建适应学生发展的、具有学校特色的课程体系的过程。

（一）素养本位的学校教育理念

一定的教育理念承载着学校的课程愿景，也是对"学校究竟要培养什么样的人"和"学校究竟怎样培养人"的回答。一般而言，一个深刻而科学的教育理念应该内含了学校的文化根基、教育思想、教育理想、教育目标、课程哲学、教育内容和教育方法等。然而，教育理念的形成并不是一朝一夕之事，它的形成、凝练与教育大背景、教育新思潮、当地实际状况等有着密切的关系。

学校成员对本校教育理念的认同与共识是进行学校课程建设的灵魂与核心。任何一种取向的教育理念的立足点都应该是学生的发展，而现在最富有时代性意义的发展就是培养学生的核心素养。由此可见，学校教育理念中内含了发展学生素养、培养学生关键能力的内在价值目标。然而，学校的课程建设是实现学校教育理念的基本载体，以素养为本的教育理念自然而然就成为贯穿学校课程建设的中心线。在我国课程革新进入深度发展时期，学校教育理念的确定、凝练与更新应该遵循教育和时代的发展趋势，做到以学校为本、以学生为本、以素养为本，让教育理念成为学生本位和素养本位的核心表达。因此，学校教育理念中隐含的促进学生发展、培养学生素养的目标价值是素养本位的学校课程建设所追求目标的核心表达。

（二）素养本位的学校课程制度

学校课程制度是学校落实课程计划和课程方案，有效促进学校课程开发、课程实施、课程管理与课程评价的一系列规程和行为准则。就学校课程建设而言，学校课程制度具有以下三个主要功能：① 对学校的课程进行价值澄清，为学校的课程建设提供价值标杆；② 对学校课程建设主体的行为进行相应的引导与规范；③ 对学校课程体系的实践进行有效的保障，促进学校组织中全体成员的集体认同。由此看来，学校课程制度的建立与完善是学校实现其教育理念与育人目标的基本保证。

学校课程制度内在地包含了学校课程建设过程中各种规程和行为准则的价值导向问题，也包含了学校课程建设中课程主导权的问题。一套完善的学校课程制度能够保证以素养为本的学校课程顺利进行；能够对课程建设多元主体的行为进行价值取向的引导与规范；能够促进学校组成成员对素养本位的集体认同和价值确认。另外，完善的学校课程制度还能够避免课程管理体制的局限以及课程权力分配的不均衡。由于学校课程制度贯穿于课程开发与实施、管理与评价的各个方面，那么其实质上是在上层建筑的范畴里影响学校课程建设的各个方面。因此，完善的学校在课程制度能够有效保障学校课程建设过程中坚持素养本位，并对其具有基础性和决定性的作用。

（三）素养本位的学校课程体系

学校课程体系是一个涵盖了学校课程理念、培养目标、历史文化底蕴、未来发展方向等的个性化系统，它的构建是否合理、科学、完整都在不同程度上影响学校育人目标的达成。自从三级课程管理制度实行以来，全国各地的学校课程建设进行得如火如荼，但有些学校在课程建设的过程中只秉持一个"加法原则"，使得学校课程体系框架日益庞大。然而，这样的课程体系并不能实现对学生核心素养的塑造，只会加重学生的学习负担，让学校教育在表面的"热闹""丰富""活跃"里失去了其本真价值。正如安迪·哈格里夫斯所说，越来越多的学校系统不是在培养学生的创造力和灵活性，而是被挤压进考试分数、成绩目标和考核排名等狭隘视域的死胡同。

学校课程体系能否真正地实现发展学生核心素养的价值是由课程体系的规划与实施效果来决定的。就二者的关系而言，并不是单向的线性关系，而是一个双向互动的关系。学校课程体系是素养本位的价值载体，为发展学生核心素养落实于学校层面提供了一个"着陆点"；反之，素养本位是规划和实践学校课程体系的出发点和落脚点，以保障课程体系的构建不会产生价值观和结构性的偏差。另外，尽管新课程标准中的素养目标尚未完善，但是素养的地位已在逐渐上升，基于核心素养的课程体系和内容标准也受到热切的关注和重视。

三、素养本位的学校课程建设路径

（一）树立素养本位的课程知识观

当课程异化为一连串信息的组合，课程知识就是已知的事实。如果把课程知识当作某些固定的东西，必然伴随着对其呈现载体的青睐。在当前的教育实践中，学科教材无疑是此种知识的唯一物理基础。事实上，从课程到学校学科到学科教材再到学科知识，四者虽然有交叉重叠的内容，但各自的内涵与外延不尽相同，后者不可穷尽前者。将四者等同起来的直接后果是课程内涵被无限封闭起来，知识且只有学科知识是学校教学的责任，学科教材成为课程的唯一资源，学校学科只是学科知识的衍生物，学生的学科、生活的学科以及社会的学科等本该属于课程范畴的内容被删除。如此一来，由学科专家创造的学科知识，即便经由教师的理解，仍然是以脱离学生经验的方式呈现出来，这种呈现方式与学生的生活不相干。学生一旦遇到需要解决的真实生活问题，往往就会束手无策。因此，重新认识课程知识的本质及其价值刻不容缓。

知识与经验为我们理解素养本位课程提供了交叉视角。其一，关于课程是知识，或课程是经验，不是非此即彼而是相伴相生和共生共存的关系。其二，知识与经验在课程中并不能分为两个前后排列的一组活动。知识的创造永远伴随着经验的生长，反之亦然。如果一定要为二者的结合搭建一个载体，只能是"问题解决"。

"问题解决"是个老生常谈的教育话题，为何要将其置于素养本位课程语境中予以探讨？我们依然需要从杜威说起。他在探讨经验与思维的关系时提出了学习即反思的精辟论述，而反思源自"疑惑"，反思过程就是解决"疑难问题"的过程。这个过程因具有了思维因素而产生了有价值的经验。用他的话说，当我们能够通过反思，在所做的事和所造成的结果之间建立特定联结，使处于隔离状态的两方面被一种统一的、不断发展的情境替代时，经验便实现了生长。而在波普尔看来，解决问题的过程就是借助猜想与反驳，实现知识增长的过程。但这一过程伴随着提出假设、主动实验和验证假设，并实现猜想与反驳、批判与反思等专家思维能力的发展，这些能力是生存于21世纪的年轻人在解决复杂问题时必须要具备的。显然，在波普尔看来，知识创造始于问题解决；在杜威看来，经验生长离不开问题解决。

然而，我们在论述素养内涵时已提到，适应信息时代之需的核心素养除了"专家思维"之外还有"复杂交往"能力，即能够建立各种良好关系。基于此，素养本位课程除了关注"疑难问题"的解决外，也将"意义问题"提上了重要位置。后者更加关注道德、责任、宽容、尊重等非认知性素养发展的课程价值。在问题解决中强调非认知素养重要性的含义之一在于关注学习者与他人建立一种持久的关系，能够设身处地去体验他人的思路与意境，这是人与人之间相互了解的方法或钥匙。其含义之二在于要能超越"个人主义"，将对"他人"的关心视域延伸至"他者"，比如技术伦理、环境问题、全球问题等。这些问题即"意义问题"，它们既构成了人类生存的未来世界，又成为问题本身。所以，素养本位课程中的"问题解决"既继承了反思与行动的探究传统，但又不局限于"为探究而探究"的格局，走向了"为意义而探究的境界"；课程由此成为意义建构者在反思过程中实现经验生长的过程与目的。

（二）确立学校课程建设的核心素养取向

影响学校课程建设的最深层次原因在于学校教育理念处于一种混沌状态，上层理念、目标与方略的缺失致使学校课程建设停留在屈服于国家课程大一统的思想之下。对学校教育理念的澄清是学校进行课程建设的首要任务，包括四个方面：其一，学校的育人目标，也就是学校对要培养的未来学生形象的刻画。目前，我国部分学校的育人目标不是雷同、缺乏个性，就是空洞而无实质。澄清育人目标就是为学校课程建设提供一个指向和依据。其二，学校的办学定位，即学校未来的发展走向。面对一个高速多元化发展的时代，学校的办学定位应该符合未来社会发展的要求与人才培养质量的要求。其三，学校的课程理念，其中蕴含了学校对课程的本质价值和内容的认识。学校应该从课程本质观、课程价值观、学生观等各方面来展现自身所秉持的课程理念，同时必须注重办学理念和教育理念的课程化。其四，学校的课程建设方略，也就是学校要达成的教育理念和育人目标，即学校要建设什么样的课程，要怎样建设课程，要怎样进行课程的实施、评价、管理与保障等。

（三）实现课程建设多元主体的有效对话

长期以来，我国大多数基础教育阶段的学校只有一般的教学常规或教学制度，缺乏必要的和创新的学校课程制度。素养本位的学校课程建设依赖于合理、有效的学校课程制度建设的保障。学校课程制度包括三个要素：课程价值准则系统、课程行为规则系统、课程运行保障规程。课程价值准则系统的生成主要依赖于合理的课程理念、课程哲学与课程价值观以及科学的课程目标的生成，那么，学校应对自身的课程建设进行必要的价值判断与澄清。课程行为规则系统和课程运行保障规程的建立主要针对学校课程体系建设过程和课程实施过程。学校在课程建设过程中应该建立一系列的行为规范、操作规程和实施细节等，为学校领导、教师、学生等参与学校课程建设提供有价值的行为引导。另外，学校须建立完善、合理的课程建设程序，例如，与学校课程建设的领导、决策、审议、管理等有关的规划程序和实施程序。

学校课程建设是一项复杂且艰巨的工作，但是目前部分学校的课程建设成为学校领导班子的课程建设，缺乏必要的教师、专家、学生、家长等主体的有效参与。素养本位的学校课程建设应该立足于学生核心素养的培养，以学校领导为龙头，以教师和学生为建设主体，以专家指导为专业支持。学校课程建设不是校长或行政领导闭门造就的产物，而是民主决策的结果，需要多方主体之间广泛深入的对话。学校课程建设主体的多元化以及主体之间形成良性循环的对话机制是建立以素养为本的学校课程体系的重要保障。

（四）构建整合型学校课程体系

以素养为本的学校课程体系构建包含现代课程体系的四个基本部分：具体化的教学目标、内容标准、教学建议、质量标准。具体化的教学目标一定是根据各个学段、各个学科的具体内容和特征而设定的具体目标，是体现学生发展核心素养的教学目标。内容标准和教学建议是促进学生核心素养形成与发展的保证,应该明确地将学生在具体核心学科领域中应知应会的知识技能与学生在本学段需要发展的核心素养相结合,并针对现实情况丰富教学的资源条件、完善教师的授课方式、提出有效的教学建议。而质量标准就是学生在经历一段时间的学习后其各方面素养与能力应该或必须达到的基本水平和程度要求。这既能够为衡量学生的全面发展状况提供评价依据,也能够为教育教学实践提供针对性的有效指导。

随着学校课程建设之风的兴起,新兴课程门类不断增加,使得课程体系日益膨胀。殊不知盲目增加课程门类容易导致课程的"碎片化",碎片化的课程会导致学生的学习体验不集中且缺乏深刻性,会让学生的学习生活变得凌乱而破碎。因此,课程整合成为实现课程体系内容标准的重要举措。真正的课程整合应该以学生的核心素养为基点,以学科目标、学科内容、学科思想、学科经验整合为标准,以学科内、学科间以及跨学科的整合为手段。另外,核心素养的形成与发展是一个不断丰富、优化的动态模式,学校课程体系的构建应该注重其过程性,在实践过程中不断发展与完善。

第二节 素养统领下的学科课程建设

一、学科素养与学科课程

(一)学科素养

核心素养的界定意味着课程发展的新的可能性,也隐含着一定的危险性。核心素养为我们提供了学校课程发展的思想武器,一方面,它为我们涤荡应试教育的污泥浊水提供了有力的理论支撑;另一方面,又为我们寻求新时代学校课程的创造性实践提供了清晰的指引。

"核心素养"作为学校课程的灵魂,有助于学科固有的本质特征以及"学科素养"的提炼,有助于学科边界的软化以及"学科群"或"跨学科"的勾连,有助于学科教育学的重建,也可能为一线教师整体把握学校课程,打破分科主义、消解碎片化的以知识点为中心的灌输,提供视野和机会。这里需要区分"核心素养"与"学科素养"之间的区别与关系。如果说,核心素养是为新时代期许的新人形象所勾勒的一幅"蓝图",那么,各门学科则是支撑这幅蓝图得以实现的"构件",

它们各自拥有其固有的本质特征、基本概念与技能，以及各自学科所体现出来的认知方式、思维方式与表征方式。核心素养的界定应当具有唯一性、渗透性、整合性。核心素养与学科素养之间的关系是全局与局部、共性与特性、抽象与具象的关系。

为了规避基于"核心素养"的课程发展的危险性，需要秉持以下原则：① 不同学科群聚焦的学科素养有所不同。②"学科课程"是学校课程的重要组成部分，但不是全部。它需要一线教师在"核心素养—课程标准（学科素养/跨学科素养）—单元设计—学习评价"这一连串环环相扣的链环中聚焦核心素养展开运作，亦即需要围绕学校教育应当做、能够做的内容，思考学校课程所要保障的"学力"内涵，同时思考学校课程应有怎样的整体结构。③"核心素养"不是直接由教师教出来的，而是在问题情境中借助问题解决的实践培育起来的。唯有通过"真正的学习"，该领域的知识内容及其思考力乃至寻求该领域的"本质"（真、善、美）的态度，才能一体化地培育起来。倘若借用《红楼梦》中的一副对联——"世事洞明皆学问，人情练达即文章"来表述，那么，"世事洞明"的学问功底（智商）与"人情练达"的人格修炼（情商）的融合，正是对我们所要追寻的核心素养基本内涵的一种概括。

"核心素养"的形成本身是学校课程的一个目标，同时也是达成其他目标的手段。因此，世界上众多国家都把"核心素养"引进学校课程，摸索新的教育实践。基于核心素养的课程发展直面一系列的挑战，诸如如何把握学校课程的整体结构；如何借助单元设计的创造，撬动课堂的转型；如何探索以"表现性评价"（真实性评价）为代表的新型评价模式。变革的时代也是迷惘的时代。在这个迷惘的教育世界中倡导基于核心素养的课程发展具有划时代的意义。一线教师只要敢于直面时代的挑战，把握学校课程的整体结构，积累单元设计与学习评价的经验，就能为新时代的学力与学习的创造，闯出一片新天地。

（二）学科课程

所谓"学科课程"，是以文化知识（科学、道德、艺术）为基础，按照一定的价值标准，从不同的知识领域或学术领域选择一定的内容，根据知识的逻辑体系，将所选出的知识组织为学科。学科课程是最古老、使用范围最广的课程类型。迄今为止，已出现了三种典型的学科课程，即科目本位课程、学术中心课程、综合学科课程。

学科课程具有以下两个显著特征：① 以学科知识或文化的发展为课程目标的

基本来源，课程开发以学科知识及其发展为基点，强调学科知识的优先性；②课程组织遵循学科知识的逻辑体系进行。

学科课程具有以下三个优点：①有助于系统传承人类文化遗产；②有助于学习者获得系统的文化知识；③有助于组织教学与评价，便于提高教学效率。

学科课程具有以下缺陷或限制：①由于学科课程是以知识的逻辑体系为核心组织起来的，容易轻视学生的需要、经验和生活。②每一门学科课程都有其悠久的学术传统，都有其相对独立和稳定的逻辑系统，这容易导致忽略火热的当代社会生活的现实需要。③学科课程也容易导致单调的教学组织和统一的讲解式教学方法。④学科课程变革起来难度较大。学科课程不是价值中立的，它体现了不同社会群体的利益，当某些学科被纳入课程体系之后，既得利益者就会抗拒变革。再者，由于社会政治经济需要和市场价值的差异，不同学科课程之间存在等级差别，这也阻碍了课程变革。

二、核心素养与学科课程

对于学科课程而言，核心素养的内涵包括核心知识、核心能力及核心品质，但并非三者的简单相加。教师在备课时，要从素养的高度对学科教学进行目标定位，对教学活动进行组织与设计。因此，核心素养与学科课程之间存在着以下关系。

（一）核心素养引领和辐射学科课程

北京师范大学肖川教授认为："从学科角度来讲，要为素养而教（用学科教人），学科及其教学是为学生素养服务的，而不是为学科而教，把教学局限于狭隘的学科本位中，过分地注重本学科的知识与内容、任务和要求，这样将十分不利于培养视野开阔、才思敏捷并具有丰富文化素养和哲学气质的人才。"这句话道出了核心素养对学科教学的指导、引领和辐射作用。事实上，任何学科知识就其结构而言，都可以分为表层结构（表层意义）和深层结构（深层意义）。表层意义就是语言文字符号所直接表述的学科内容（概念、命题、理论等），深层意义是蕴含在学科知识内容和意义之中或背后的精神、价值、方法论、生活意义（文化意义）等。表层结构和意义的存在方式是显性的、逻辑的（系统的）、主线的；深层结构和意义的存在方式则是隐性的、渗透的（分散的）、暗线的，但它是学生素养形成和发展的根本（决定性的东西）。所以，核心素养指导、引领、辐射学科课程教学，彰显学科教学的育人价值，使学科教学自觉地为人的终身发展服务，让"教学"升华为"教育"。

（二）学科课程的实施有助于核心素养的培养

任何学科的教学都不是仅仅为了获得学科的若干知识、技能和能力，而是要同时指向人的精神、思想情感、思维方式、生活方式和价值观的生成与提升。学科教学要有文化意义、思维意义、价值意义，即人的意义。从此角度而言，核心素养的达成，也依赖各个学科独特育人功能的发挥、学科本质魅力的发掘，只有乘上富有活力的学科教学之筏，才能顺利抵达核心素养的彼岸。

就内容而言，核心素养是知识、技能和态度等的综合表现，学科课程教学承担着向学生传授知识与技能，培养学生的学习态度，树立科学的价值观和人生观的任务，因此在学科课程教学中，自然将核心素养的培养潜移默化地进行下去，以达到培养学生核心素养的目的。

三、学科核心素养与学科课程

学生学科核心素养的形成需要各学科教师在教学中帮助学生形成具有学科特质而又含有跨学科因素的关键能力和必备品格。因此，学科核心素养就是核心素养在特定学科（或学习领域）中的具体化，是学生学习一门学科（或学习领域）之后所形成的、具有学科特点的成就（包括必备品格和关键能力），是学科育人价值的集中体现。它具有独特性和积极的意义。

（一）学科核心素养的意义

学科课程教学与学科素养之间有着极其重要的联系，也决定了学科核心素养与核心素养之间的关系。由此可知，学科核心素养的存在同样具有积极的意义。

1. 利于核心素养的培养

诚如前文所说，核心素养的培养要利用学科课程教学进行，而学科课程教学中学科核心素养的培养就是核心素养落地的抓手。核心素养只有分解和体现到学科核心素养之中，才能实现具体化。

2. 决定着学科教学的方向

学科核心素养是核心素养在学科教学中的体现和落实，它指导着学科课程教学，是教师进行学科教学的依据。教师只有深入学习和掌握学科核心素养，才能在学科教学中跳出学科看学科，实现学科之间的贯通、学科与生活的贯通、学科与活动的贯通、学科与教育的贯通。

（二）学科核心素养的特点

学科核心素养无论是对于核心素养的落实，还是学科教学均有着极其重要的意义。那么，学科核心素养具有怎样的特点呢？

1. 学科性

学科性是学科核心素养最根本的特性，它是由学科教育划分方式决定的，这种划分决定了每一学科都有其独特性。而学科核心素养就体现在这种学科本质和教育价值之中，它源于学科的本质、性质、特点、功能和任务。其中，学科的本质就是一门学科的根本属性，体现在学科的研究对象、基本问题、核心的学科概念与范畴、学科思维方式以及学科独特的育人价值和功能等方面。

2. 科学性和教育性

所谓科学性，是指学科核心素养的提炼一定要符合学生的身心发展规律，利于学生接受，利于学生发展，同时其内容的表述还要准确，不会令人产生歧义，以避免教师在教学中随心所欲地对其加以解读。所谓教育性，是指学科核心素养的获得是借助学科教育实现的。

3. 人本性

人本性是基本教育的本质，而学科素养也是服务于人的。核心素养必须基于人、以人为本，对人产生积极的价值，进而满足个体在今后的学习、工作和生活中的需求，满足社会健康和可持续发展的需求。

四、素养统领下的学科课程建设路径

素养统领下的学科课程开发和建设要坚持科学，注重体现时代精神，有效凸显地域特色，扎实落实学生核心素养培养。学科课程是国家课程的重要组成部分，是培养学生核心素养发展的不可替代的途径，充分满足了学生差异性发展的需求。推进学科课程的开发和建设，也是完善学生发展、凸显特色和弘扬个性的有效途径，促使学校利用本校和社区教育资源，充分挖掘学生潜能，更加全面地培养学生的核心素养，真正达成和落实课程育人目标。

（一）调整学科课程目标定位

课程是国内外基础教育培养学生核心素养不可或缺的载体。世界主要国家和地区均在课程的重要环节，特别是课程的设计、建设、实施等环节中融入了学生核心素养的培养。

第三章　基于核心素养培育的课程建设

学科课程标准要体现学生核心素养的培养内容、路径与方法。为此，基于目前学科课程标准的现实状况，我们要跟进基于核心素养的学业标准研究。第一，要选择与确定落实到学科层面的学生发展核心素养的关键要点；第二，要结合课程的特色，深入细化与丰富学科层面的核心素养要点内涵，即遵循从学生发展核心素养基本内涵—学生发展核心素养主要表现—学生发展核心素养学科要点与内涵这样一个脉络，层层细化，将学生发展核心素养落实到学科；第三，将核心素养学科要点与学科学习领域建立联系，研制基于核心素养的学业标准。北京教育科学研究院核心素养项目组研究表明，开展基于核心素养的学业标准研究可以有效引导教师深入理解学科课程标准，并基于标准开展学科教学，培养学生的核心素养。

在课程实施方面，以基于核心素养的学业质量标准改善课堂教师的教与学生的学，引导教师由单纯关注学科知识教学、考试教学转向全面关注学科能力教学、学生发展素养教学，要鼓励教师革新教学方式，特别是要探索跨学科学习、情境学习，从而真正实现课程从学科本位发展为育人本位，落实学生发展核心素养。正如叶澜所说："每个学科对学生的发展价值，除了一个领域的知识以外，应该能够提供一种唯有在这个学科的学习中才可能获得的经历和体验；提供独特的学科美的发现、欣赏和表达能力。"每门课程都肩负着培养学生核心素养的不可或缺的独特使命。

学生发展核心素养是21世纪国内外基础教育共同关注的热点专题，而课程则是培养学生核心素养不可或缺的重要载体。我们需要不断借鉴、思考、实践、总结如何在课程目标、标准、实施等环节中落实对学生核心素养的培养，推进基础教育课程革新的纵深发展。

（二）凸显学科课程建设的特色

学科课程开发和建设要有效衔接地方课程，有效结合乡土实际，覆盖乡土特色。学科课程开发和建设过程中，要利用地方课程主题，深入挖掘地域文化、自然和人文资源，丰富实践体验活动。学科课程开发和建设要让学科课程生活化。

1. 丰富课程校本特色

学科课程建设要多角度、全方面获取资源，丰富课程校本特色，夯实学生自主发展的基础。学校特色文化是学校的"名片"，教师要善于从学校文化中获取课程资源，形成独特而充满人文底蕴的课程内容；要发挥社区资源作用，丰富学生参与社会活动的机会，在特色学科课程实施中促进学生社会性的发展。

2. 注重学科实践课程特色

学校要注重通过实践促进课程实施，特色学科课程是检验课程开发是否契合学生核心素养发展需要的重要途径。学校要寻找学科课程开发和核心素养培养间的切入点，及时反馈、调整和完善课程，有效推进核心素养目标的落实和达成。在教学实践中，学校和教师要注重多角度全方位地构建课程。

（三）创新学科课程建设

学科课程建设要从学校实际出发，找准课程创新的切入点，找准课程开发特色和主题词，在开发过程中积累经验。因此，学科课程建设要凸显创造性和创新观，有效提高学科课程实施效益。实施学科课程要大课时集中使用，灵活走班化。学科课程开发要定时、定点和定人，根据课程目标、实施内容和评价标准调控，确保质量。课程实施要灵活随机，可利用周末让学生进社区实践体验。学科课程建设也要关注师生互动，注重学生的体验和收获。

1. 融合家庭与生活教育建设学科课程

学生身边的事例是最为有效的教育资源，教师要善于将其运用到课堂教学中，用学生熟悉的生活实例撑起校园主题教育活动飞翔的翅膀。学科课程要融合区域发展、学校地域、学生特点，有效整合生活和社会内容，从学生的兴趣、生活经验和社会热点出发，补充和拓展国家和地方课程，丰富学生学科课程学习。

2. 互鉴互用学科课程管理

学校文化、师资、设备、资金、环境等都是影响学科课程开发和建设的因素，也会相应制约学校学科课程的开发和管理，从而影响学科课程实施成效。因此，学科课程开发与管理要互鉴互用，要嫁接移植先进地区和兄弟学校在学科课程建设中的成功经验，直接"拿来"已成形且高质量的校本教材，有效指导学科课程的建设和管理，在"为我所用"的过程中筛选和重组课程资源，再开发和再建设，形成自己的校本化特色课程。学校要把体验式教学运用在特色学科课程实施中，在学生情感融合过程中潜移默化地落实课程培养目标。

3. 学科课程建设要服务学生未来生活

课程开发要坚持服务学生成长和未来发展，提升学生的实用技能。课程开发要从教师的长项入手，要能给学生提供切实有效的帮助。学科课程开发、建设和实施要拓展国家和地方课程，增加生活价值课程与生活技能课程。根据课程设计理念开发实施原著阅读、写作训练、趣味数学、行为养成等班级课程。课程开发要整合和重组教育素材与课程资源，构建课程内容模块，有效组织教学以实现学生的有效学习，依据学生的学习效果实施课程评价。

4. 开发学科类学科课程融合德育教育

选择、重组和改编现有成熟课程资源，融合学生德育教育开设经典诵读、书法、趣味教学等学科课程，有效拓展和延伸学科类课程。例如，我校的"生活中的经济学""化学与健康""英语沙龙""趣味数学"等微型学科课程，以培养学生学科兴趣和提高学生解决问题的能力为目标，区别于日常学科教学。学校要充分挖掘社区资源、开发学科课程，让德育走向校本，以道德教育为主题，以德育活动为载体，把课堂、生活、课程和实践有机结合，形成特色德育学科课程，让学生在活动参与过程中体验生活和养成品德。开发学科类学科课程融合德育教育，引导学生学会"重新组合"已有知识，培养学生的核心素养，提升学生的实践能力。

（四）建设学科课程群

围绕核心理念构建学科课程群，采用大课程框架获取学生教育和素养培养的整体优势。根据学生核心素养的培养需要重新规划和设计课程，形成学科课程群，把若干学科课程有机融合，有效实现核心教育目标，创新形成学科课程生态系统。建设学科课程群要遵循学校整体的课程规划，紧扣学生核心素养发展这一核心目标，通过课程群帮助学生发展。

1. 把课程革新核心理念浸入学科课程建设中

学校要创新学科课程开发、建设和实施方式，全面浸入课程革新核心理念，巧用主题单元设计，将学科课程群深度融入课堂学习，组织创意教学。学科课程是拓展性课程，是对课程内容的互补和拓展提升，以学校核心理念赋予课程文化特质，为学生核心素养个性化发展提供选学内容。主题单元是学科课程实施的重要途径，教师要善于运用学习任务或问题情境驱动学生参与实践，引导学生综合思考解决问题的方法，有效促进学生核心素养的养成。

2. 搭建学生核心素养培养新载体

学校要重视教育科研，积极开展课题研究，有效推进学科课程的开发创新。把研究课题成果转化为课程是学科课程开发的重要途径。例如，"经典诵读"学科课程就是由"基于核心素养下部编语文教材中经典诵读应用研究"课题成果转化而来的。"经典诵读"学科课程的切入点是经典文化传承，在诵读过程中要厚植人文积淀，夯实学生终身发展基础。

学科课程是培养学生实践能力的载体,是激发学生创新潜能的平台,是促使学生参与课堂教学的抓手。因此,推进学科课程开发和建设,能强化学生的问题意识,培养学生技能,促使学生合作、互动和分享,培养学生的核心素养。

第三节 跨学科的课程统整

一、课程统整的相关概念

(一)统整

从词源学上看,"统整"源自拉丁文,有两层含义,其一是使事物变得圆满;其二是使分化的要素或部分形成有机的整体。有学者认为"统整"有三个方面的含义:一是指使两个或两个以上的要素发生关联,促使其更有效力;二是使不同的族群或种族平等地融入社会;三是协调人的心智过程,形成健全的人格。也有学者把"统整"界定为要素的结合,不同社会族群的融入。因此,从词源学看,"统整"有消极和积极两层意思。"消极的统整"是在原有材料的基础上优化组合而产生新的联系,是部分要素的有机联合;"积极的统整"是使事物变得圆满的过程,并不局限在原有范围和材料内,只要有利于圆满状态达成的方式、方法或材料都可以纳入统整过程,如未经分化事物的引入也可以视作统整的过程。由于世界上本就不存在一个完满的实在,"统整"还意味着连续不断的反思性行动。

总之,统整就是基于特定逻辑使原本分化的要素构成一个有机联系的整体并使事物变得美好的持续性行动或过程。全面理解"统整"需要注意:统整不仅意味着分化要素或部分的有机整合,而且意味着未经分化的事物的融入;统整是持续走向圆满的反思性行动;统整具有多面性和多层性,包括社会、人格及事物等各层面的统整。

(二)课程统整

从"统整"到"课程统整"经历了漫长的概念转换。20世纪20年代,随着课程作为一个正式研究领域兴起,"统整"才开始作为课程观念受到关注。早期课程研究受到社会效率的影响,"统整"被视作课程组织的一种手段,内涵相对窄化,如泰勒把统整视作课程组织的一个环节,旨在保证课程内容的横向关联。霍

第三章 基于核心素养培育的课程建设

普金斯是课程统整的代表人物，他于1937年发表的论著《课程统整：理论与实践》，标志着"课程统整"正式进入课程领域并作为一个独立的研究问题得到关注，课程统整突破了内容组织环节的范畴，被视作有别于分科课程的完整的课程开发方式。鉴于霍普金斯在课程统整领域的卓越贡献，人们将其称为"课程统整之父"。由于学科本身的特殊性，在专业化发展的早期阶段，教育学不断通过"借词"和吸收不同学科的理念、方法来塑造自身。"统整"作为连接教育学与其支柱学科——心理学、社会学、哲学的媒介，处处显示出被建构的痕迹，这在拓展"课程统整"内涵的同时又增加了把握其内涵的复杂性。从概念的性质来看，学界关于课程统整的界定可以归纳为作为课程内容组织方式的课程统整、作为课程开发方式的课程统整、作为课程哲学的课程统整三类。

学者们对课程统整存在两种不同的理解与认识。一是将"课程统整"视为一种课程设计与组织的方式，侧重于课程实践操作层面。如游家政认为课程统整是基于学习的本质和学习者的需求，将分立的学科贯串起来，并与生活紧密结合，使其产生有意义的关联与融合，助益学生的最优化理解和整体性学习。单文经指出，不管指代课程统整的术语怎么用，都指向一件相同的事实，那就是要将零散分立的教材或活动加以关联与整合。刘登珲等认为，课程统整是"基于一定的逻辑，从课程目标、内容、实施、评价等层面出发，使原本分化的课程要素形成有机整体或把未分化的经验、知识形态纳入学校课程的持续性行动"。二是将"课程统整"视为一种课程设计与组织的理念或思想，侧重于对课程实践操作的引领和指引。如贝安尔指出课程统整是一种认识论，涉及进步主义和建构论，主张由学生利用知识技能寻求问题的答案，使学生拥有学习自主权。蔡清田认为，"课程统整"是指将两个或两个以上的概念、事物、现象等学习内容或经验，组织结合成为有意义的整体课程，它不只是一种课程设计的组织形态，更是一种教育理念。这两种认识并不是孰是孰非的对立关系，而是一种能够更全面把握"课程统整"要义的互补关系。

（三）课程统整与核心素养

"核心素养"不同于单纯的知识，是学生应具备的、能够适应终身发展和社会发展需要的必备品格和关键能力。有学者直接指出，核心素养是学生在应对复杂情境、解决现实问题时所展现出的知识、技能、态度的总和。核心素养的提出，反映了信息社会对未来人才形象的刻画，要求现代人不仅具备牢固的知识体系，更要具备知识运用的能力；不仅要掌握精细的技能，更要具备技能创造的品格。

而过去以工业分工为组织原型，以快速获取知识技能为旨趣的分科课程体系无法单独满足核心素养的发展需求。

首先，从课程内容看，传统分科课程以分化的学科为单位，在课程内容上过于关注学科知识，忽视了方法、态度、情感等核心素养的其他关键要素。卡特金指出，基于能力的学科结构至少需要涵盖：科学事实、概念、法则理论；以该学科教材为基础的世界观、伦理观、审美规范、理想；科学的思维方法；运用知识的能力、技能等。在他看来，学科知识是必备的，但不是核心素养的全部，严重"缩水"的学科课程显然难以满足素养转化的需求。

其次，从课程结构看，分科课程以抽象的理性世界为原型，注重对过去人类文化遗产的传承，强调通过学科独立性与专门化发展来快速实现知识生产的目的，这种课程组织方式忽视了生活世界的实用性。课程不仅面向过去，更要立足当下、展望未来，当下的世界是现实的、充满问题的世界，未来的世界是未知的、需要探索的世界，而问题解决与探索未来是不断综合、反思、创新的过程，其适切的课程组织方式应是整体融通的，而非分化、孤立的，这就需要打破学科分化的状况，构建有机、联动的学科体系。

最后，从功能指向看，核心素养是个体面对复杂情境展现出的关键能力与品格，具有跨学科的迁移性特征，它在客观上要求构建统整化的课程体系。而传统分科课程试图通过分科训练来改善"大脑肌肉"实现"智能迁移"的目的已被现代心理学所证伪。格式塔心理学认为，有效的迁移不仅要求以问题解决为特征的高级认知思维参与，还要求有结构近似的任务环境，因为任务驱动的情境学习相对于分科导向的理智训练更能促进正向迁移的发生。

总之，知识传递本位的传统分科课程难以满足核心素养的发展需求，核心素养的有效转化呼唤原有分科体系的统整化改造。课程统整为核心素养的有效转化提供了可行路径，同时"核心素养"反作用于课程统整的发展，对摆脱工具主义课程统整观提供了视野和契机。核心素养既是课程统整的目的又是其手段。核心素养作为学校课程的灵魂，有助于学科固有的本质特征以及学科素养的提炼，有助于学科边界的软化以及"学科群""跨学科"的勾连，有助于学科教育学的重建；也对打破分科主义、消解碎片化的以知识点为中心的灌输，提供视野和机会。在缺乏"核心素养"指引的情况下，学校课程统整实践中的工具主义取向较为明显，把课程统整视作学科精致化的手段。我们常可以看到以"课程统整"之名行"学科教学"之实的做法，如选择一个教学章节对其进行加工、修饰，起一个不同于学科课程的名字，采用合作的方法等，乍看起来是在"统整"，但最终还是为本章节的学科教学服务；选定一个热点议题，由语文、数学、外语等各科教师确定课程涵盖的知识点，分别授课，其实只是在该主题名义下分别上了几节语文、数学、外语课而已。这些做法的实质都是学科课程框架内的"统整"，是把学科聚合等同于课程统整的工具主义表现。因此，课程统整与核心素养互为目的与手段，具有逻辑上的互通性与关联性，唯有通过课程统整转化核心素养才具有学理的内在正当性。

二、跨学科课程统整

跨学科课程是指围绕同一主题整合不同学科内容，形成一个新学科或教学单元的过程，与科际整合相比，跨学科统整打破了原有学科的边界，衍生出新的学科或教学单元。跨学科统整有利于减少学校教学科目、优化学科知识结构进而减轻学生的学习负担。同时，跨学科课程通过帮助学生形成完整的知识体系，进而提升学生运用学科知识分析问题、解决问题的能力。跨学科统整打破了原来学科的边界，围绕主题内涵重新编制学科知识体系，强调知识的互动性和实用性；从学习者的角度重构课程体系，学生作为学习者和课程开发的参与者得到重视；教师不仅是课程开发的参与者，同时也是学生学习的引导者和"师生"合作的参与者。

融合课程法、广域课程法、大概念法等可以作为跨学科课程实施的有效策略。其中，融合课程是指两个或两个以上内容属性相近的学科融合为单一学科的过程。例如，地理、历史、政治结合成社会科，物理、生物、化学融合为科学科，阅读、写作、听说融合为语言科等。广域课程则是跨越学习领域组织而来的课程，如历史与科学、数学与社会、人文与自然等，通过跨领域学习提供学生透视社会的多元视角，形成整体的世界观、知识观。融合课程、广域课程通常是国家、学校进行课程顶层设计时所采用的跨学科统整策略。对于教师而言，构建跨学科的教学单元才是他们面临的紧要问题，大概念法则不失为一种有效策略。大概念法是不同学科围绕某些大概念组织跨学科教学单元进行教学的过程。大概念具有统摄性、内核性、基础性和衍生性等特征，它对理解学科教育内容起着提纲挈领的作用，有利于学生整体思维和综合运用能力的形成。大概念包括学科大概念和关于学科的大概念两类。除了"关于世界"的概念之外，还要关注用于理解世界的概念是如何得到的，即关于学科的大概念，从而在面对不熟悉的情景时做出科学的决策。大概念的引入有利于超越事实性、内容性知识而引导学习者形成高阶认知思维。如对"非裔美国人"的统整单元而言，在没有引入大概念之前，该单元围绕不同学科内容在知识、记忆、理解层面上开展教学。加上"变革"的概念之后，变为"变革中的非裔美国人"，学生在"变革"视角的引导下聚焦非裔族群在体征、社群、权力、文化等方面的演变，这就超越了具体的学科内容，向对比、分析、应用更深的思维水平迈进。埃里克森提到"缺乏概念透镜的课程统整往往是浅表化的"。跨学科统整属于中等层次的课程统整，对课程资源的依赖程度较高，实施较为复杂，往往需要不同学科教师协同教学或构建跨学科团队来完成。通过跨学科交流实现学科知识的分享与转换，打破学科思维定式，提升教师实施统整课程的能力。

三、课程综合化趋势

课程综合已经成为一种国际化的趋势，成为课程革新的热点。德雷斯尔在评述 20 世纪 60 年代的课程革新时，指出了以下方法论上的弊端：一是仅仅着眼于各门学科框框之内的内容更新，跨学科的内容尚未触及；二是仅仅着眼于各年级的教学内容，跨年级的内容尚未触及；三是仅仅着眼于学校范围内的教学内容，只研究一些脱离生活的课题。

（一）课程综合的必要性

如果说，分科课程的依据在于科学的分化和客观世界不同领域的相互独立性和特殊性。那么，综合课程的根本依据就在于科学的综合和客观世界的整体性和相互联系性。人类社会发展呈现出的全球经济一体化、信息化、国际化的趋势对教育的培养目标、课程结构、教学方式等产生了一系列的冲击，这是综合课程得以复兴和发展的时代背景。总的来说，综合课程产生与发展的原因包括以下几个方面。

第一，科学技术发展的综合化要求课程的整合。科学的分化与综合始终是课程分化与综合最重要的基础和强大的动力。20 世纪 50 年代以来，科学发展出现了分化基础上的综合化趋势。一方面，科学不断再分化，向高、精、尖方向发展；另一方面，不同领域之间又不断地融合，各学科相互交叉和渗透，不断涌现出一些如交叉学科、边缘学科、横断学科这样的综合科学。作为传递人类文化知识和实现教育目的的学校课程，如果依然固守原来的分科课程体系，是无法适应科学发展的综合化趋势的。

第二，人类社会实际问题的整体性要求课程的综合。人类社会与自然界都是作为整体而存在的，人类面临的各种科学课题、危机与困扰也是综合性的整体，如遗传与疾病问题、环境问题、人口问题、能源问题、战争问题等，没有一个问题是单凭一门或两门科学就能解决的，只有打破和超越各门学科的界限，依靠多种学科的联合与协作才能解决。

第三，学生个体的和谐发展要求课程提供整体、综合的内容。学生个体是整体性的存在，其知、情、意、行的和谐发展要求课程能为其提供整体性的内容。而现代社会最大的特点在于其变化性。有人说"这个社会唯一不变的就是一切都在变"，在这样一个多元多变的社会里，人必须具有较强的适应能力才能更好地生存，而这种适应能力的形成是以全面发展的综合素质为基础的。而企图通过分化出来的每个学科实现学生个体的全面、整体、和谐发展，是不可能成功的。

（二）综合课程的面面观

综合课程是将具有内在逻辑或价值关联的原有分科课程内容及其他形式的课程内容统整在一起，旨在消除各类知识之间的界限，使学生形成关于世界的整体性认识和全息观念，并养成深刻理解和灵活运用知识综合解决现实问题的能力的一种课程模式。如果将这一定义进行分解，可以得出关于综合课程的如下具体内涵：① 综合课程所涵盖的课程内容既有学科知识，亦有学生获得的主体经验；② 综合课程以统整或去边界的方式将所有课程内容组织在一起；③ 综合课程将所有课程内容组织在一起的依据是课程内容之间的内在逻辑关系，如课程内容属性的关联性和课程内容价值或功能的关联性等；④ 综合课程的价值、职能表现为消除学生原有知识体系中各类知识之间的界限，使学生形成关于世界的整体性认识和全息观念，深刻理解和灵活运用知识，提高综合解决现实问题的相关能力。

由此看来，综合课程意味着包含源于两种或两种以上学科的课程要素，并将这些课程要素以某种方式与一个主题、问题或源于真实世界的情境联系起来。

（三）综合课程的开发

课程的综合基于知识本位、学生本位和社会本位三个立足点之上。这三个立足点分别反映了综合课程各种开发模式的不同价值取向和课程综合的基本原则或方式。

以知识为本位的综合课程强调知识之于学生发展的价值，注重对知识结构自身的调整和重组；以学生为本位的综合课程强调学生的主体认知和主体活动之于学生发展的价值，注重学生的个体发展需要和学生主体活动方式的选择与确定；以社会为本位的综合课程强调综合课程之于社会发展的意义，注重社会发展需求与综合课程开发和设置原则、方式之间的一致性。在此基础上开发和设置的综合课程模式将分别体现上述三种价值取向和课程组织的基本原则或方式，但各种综合课程的开发模式与课程综合领域之间并不保持完全对应的关系，一种开发模式或许可以体现几种课程的价值观，亦可有多种课程组织的具体方式。

对综合课程开发模式进行归类和属性界定的维度应当是课程综合的程度和方式。依据对课程内容进行综合的程度，并按照由弱至强的顺序，综合课程分别表现为相关课程、融合课程、广域课程、核心课程和活动课程等具体的模式。在这些课程模式中，相关课程处于分科课程与综合课程之间，从而具有分化和综合的双重属性，是由分科课程向综合课程的过渡环节；融合课程和广域课程未能完全打破课程的分科界限，二者之间的差异在于其课程内容综合程度的强与弱；核心课程并未完全打破课程的分科界限；活动课程则完全突破了课程分科的藩篱，其与核心课程之间的差异在于活动课程完全实现了课程内容的高度综合，而核心课程并非如此。因此，这些课程模式下课程内容的综合程度呈逐渐增强之势。

四、跨学科课程统整策略

（一）健全国家课程统整政策

通过课程统整实现核心素养的有效转化需要面对的首要问题是国家课程政策的滞后性。一方面，关涉核心素养的相关政策较为滞后，无法满足实践发展需求。目前仅颁布了核心素养总纲，而各阶段、各学科的核心素养发展纲要尚未颁布。由于缺乏可靠的政策说明，学校发展核心素养只能"摸着石头过河"，对核心素养的理解也是五花八门。在"核心素养"这个根本目标尚未明确的前提下，很难去探寻一种可靠的转化路径。另一方面，尚未研发系统的国家课程统整方案，针对课程统整的相关政策多嵌含在历次课程革新方案当中，而对统整的主体、内容方式及保障条件等具体问题未做规定，更多地寄托在学校的自觉和教师的经验性探索上，这就容易退回到学校和教师熟悉的传统"学科模式"中。因此，要研发针对核心素养的课程统整国家方案，提升课程统整的价值认同，形成课程统整有效运作的教育机制，明确各级教育主体的权责。唯其如此，才能打破"分科主义"，构建适切核心素养转化的课程统整模式。

（二）提升教师跨学科课程统整的专业素养

课堂教学是促进学生核心素养发展的主渠道、主阵地，教师是课程统整设计

第三章 基于核心素养培育的课程建设

与课堂教学的领导者、设计者和执行者。因此，以课程统整促进核心素养发展，需要紧紧抓住教师这个关键责任主体。

1. 应唤醒教师课程统整的主体意识

从课程规划与实施的传统看，教师扮演的多是一种被动执行者的课程角色。即课程的规划与建设是由国家教育主管部门委托课程论和教学论等方面的专家负责完成，广大教师则只需要按照课程方案和课程标准的要求进行教学即可，无须进行主动创新。但是随着新一轮以学生核心素养发展为导向的课程教学革新的推进与深化，客观要求教师积极主动地转变自我角色，即变被动的听从者、执行者为主动的设计者和创新者。然而，对于绝大多数教师而言，课程统整较为陌生，突出表现为相关的核心概念众说纷纭，令人眼花缭乱、无所适从。现阶段基于学科边界的课程统整存在着单一学科课程统整、跨学科课程统整、科际融合课程统整、超学科课程统整等多种类型，而要科学掌握各种类型的内涵、特点、实质及其相互间的关系，对一线教师来说实属不易，难免会产生诸多思想认知上的误区。此外，开展核心素养导向的课程统整，意味着要打破教师习以为常的以技术教学为主导的分科教学模式，加之教师并未受过相应的课程统整专业训练，很容易导致教师产生思想上的抵触情绪或消极应对。鉴于此，在开展核心素养导向的课程统整前，应重视通过教育培训等多种形式，唤醒教师实施课程统整的主体意识，消解他们开展课程统整的抗拒心态，这是激发广大教师充分发挥自己的专业所长，在课程统整中扮演更加积极、重要的主体角色的前提和基础。

2. 提升教师课程统整的专业能力

以课程统整促进学生核心素养的发展，最终由扮演核心主体角色的教师具体实施。那么，教师设计、实施核心素养导向的课程统整方案的能力和水平，将直接决定课程统整的质量和效率，以及核心素养的课程转化成效。从教师专业发展的历程来看，无论是职前准教师培养的教育阶段，还是职后的教师专业发展阶段，均采用的是专科式的教育、培训模式，这就造成了教师在进行核心素养导向的课程统整时，存在知识储备不足、能力亟待提升、跨学科思维急需建立等问题。为此，教师需提升以课程统整促进学生核心素养发展的专业能力。一方面，针对"准教师"而言，需要在职前教育阶段开设通识课程，为准教师提供优质的跨学科课程知识，引导准教师自觉树立课程统整的意识，掌握课程统整的前沿理念、专业知识、技能和方法。另一方面，针对在职教师，应采取"引进来、走出去"的方式，开设教师课程统整专题工作坊、典型问题研讨会、先进经验分享会等，创新教师校本研修的模式，丰富和拓展教师开展核心素养导向的课程统整的专业知识和理论储备,提升其课程统整方案的开发和设计能力。此外,还应进一步引导教师在课程统整实践中进行自觉的理论学习,及时补充课堂文化建设、课程开发、教学设计等专业知识,并在课程统整实践中进行自觉反思和总结,运用理论进行解释并解决实践中的困惑和难题,不断提高自身课程统整的专业素养,以便成功推动核心素养的课程转化效能。

3.打造教师课程统整实践共同体

教师之间的合作已被实践证明是改进和提升教学质量的一条有效途径。开展课程统整的一个好办法是人的统整,比如教师之间沟通良好、相互支持与协作,形成协同合作的文化,这是建立共识、科学规划课程统整的必要过程和有效方法,有利于提高课程统整的教学效果。对于核心素养导向的课程统整实践来说,尽管教师是不可替代的核心主体,但不应是教师的独奏,而应是集合教师、学生、校长、家长等多元主体的"大合唱"。换言之,核心素养导向的课程统整的实践成效,除取决于教师自身的专业素养和行为表现外,还需要来自其他利益相关者的理解、支持、参与、配合和援助,这就需要统筹动员多元主体,打造以教师为核心的课程统整实践共同体。

(三)优化跨学科课程体系

课程是学生核心素养培育的重要载体,直接关系到学生知识的获得和后续能力的培养,是影响核心素养培育质量的关键。因此,将核心素养培育融入跨学科课程体系中,及时优化和完善课程结构和内容,是学生核心素养培育的关键一步和重要突破口。

1.构建跨学科课程知识网络

基于课程统整的跨学科知识,如何打破学科边界、探寻学科间的知识关联,是开展核心素养培育的逻辑起点。在学科学习中,教师把知识和技能作为主要目标,学生学习的往往是零碎的惰性知识,学科间的知识相互割裂和分离,不利于培养心智自由的完整学生。跨学科学习通过对关键概念的把握,自上而下地构建跨学科知识脉络,从而培养学生的复杂性思维和解决现实问题的能力。因此,梳理和探寻关键概念是开展学习的基础,"关键概念"像是车轮的"中心轴",而涉及各个学科的知识就是车轮的"辐条",知识是辐射状的,没有严格的学科边界,学生能够在核心概念的引导下引发高阶思维活动,灵活运用多种知识解决问题情境。

跨学科学习的关键概念是基于两个及两个以上的学科核心知识,统整出指向这几个学科的概括性概念。教师在探寻课程统整的关键概念时，要聚焦指向思维的概念性知识，促进事实性知识的整合，通过对不同学科内容的深入理解整合出关键知识。教师对学科核心概念的理解与深化是跨学科学习设计的基石，只有充分理解和内化学科的核心概念，才能找出多个学科之间概念的内在联系。跨学科课程并不是像广域课程那样涵盖整个知识领域，而是在国家课程的知识框架下，找到各个学科知识之间的联结与整合点，将分散的学科知识按跨学科课程统整的逻辑体系结构化。教师选择跨学科核心知识时，要注重各学科知识间的关联性和可探究性，切记不要走入庞杂纷繁的歧路，不要在选择核心知识时灌注大量与学科知识无关的社会性知识和经验性知识。教师在设计跨学科学习时，若机械地拼接各学科零碎的知识点，将会破坏跨学科学习的整合性以及知识的逻辑系统性，导致无意义学习。因此，教师在设计过程中不能偏重于低层次的事实性知识，而应该涉及概念性知识，以基本概念为中心，整合与之有内在联系的多学科知识，构建跨学科知识地图谱系。知识地图是教师在提取核心知识时可采用的设计工具，知识地图可以对核心知识及其关系予以可视化展示与管理，教师通过知识地图可以清晰地明确各个学科知识点之间联结的频次与强度，能够更为直观地选择核心知识。

2. 强化实践课程

实践课程是学生核心素养培育最直接有效的途径，它能够让学生"走向更现实的学习"。首先，实践课程在学生核心素养培育过程中可以使学生通过动手操作夯实基础知识，促进专业知识的系统化。其次，实践课程可以使学生的实践能力、创新能力等关键素养同时得到有效的锻炼和提升。最后，实践课程给了学生更多接触社会、企业和各种人的机会，有助于促进学生精神品质的养成。

因此，要加强实践课程建设，可以从以下几方面入手：第一，通过整合原有课程内容，删减过时和重复冗杂的理论知识，减少理论课程的课时数，强化和丰富实践课程的比重；第二，针对每一门理论课程提出具体的实践环节要求，包括实践的类型、方式、课时等，促使学生课上学到的理论知识能够在实践中得到应用和深化；第三，高校要提高实践课程效率，加强对实践教学课程全过程的指导和监控，使学生能够真实参与到项目的开发和应用中，强化实践效果；第四，实践课程并不仅仅局限于专业实习，而是要针对学生发展需要提供多层次、多样化的课程内容，促进以发展核心素养为中心的课程体系的形成。

3. 开发综合性跨学科课程

在当前的知识经济时代，学生不仅要掌握丰富的专业知识，更要成为能够综合运用各种知识的人。当前科技正朝着交叉融合的方向发展，未来也将更加复杂化。学校应加快课程革新，积极开发多学科交叉融合的综合性课程，使学生的基础知识和专业知识能够得到共同发展，同时促进跨学科素养的提升。具体而言，要打破院系和学科知识系统的藩篱，突破以往的课程界限，通过多教师联合开设课程，对不同院系、专业之间有关联的知识进行整合，推动不同知识的交叉融合，构建文、理、工等相互渗透的课程体系。此外，要合理设置通识课程和专业课程的比重，努力提供多样化、宽领域的选修课程，提高学生知识结构的系统性和连贯性，使学生具有多学科的知识储备，形成综合运用跨学科知识解决复杂问题的能力。

4. 构建国际化课程

随着经济全球化的发展，培养具有竞争力的国际化人才受到各国的普遍重视。当前我国的学生也应面向世界，具有宽广的国际视野。构建国际化课程是面向世界培养人才的基础性工作。

第一，要注重外语课程建设。通过开设英语阅读、写作、口语等课程提高学生的英语交流水平，鼓励学生选修第二外语，同时注重外语学习和专业学习相结合，在外语学习的过程中了解本专业的国际性知识。

第二，针对国际知识和国际化需要开设研讨课程，研究国际经济与贸易、国际关系与政治、世界历史和文化以及一些热点问题和学生普遍感兴趣的问题，扩充学生的国际性知识，增强他们对不同文化的理解。

第三，加强引智课程建设，邀请国外优秀教师定期进行课程讲授，将涉及国际前沿知识、最新技术进展的优质课程资源引入课堂。教师要注重引导学生形成跨文化交流的意识，在与外国教师交流互动的过程中提升自身的国际视野。

5. 完善课程内容更新机制

随着时代的发展，知识更新的周期越来越短，人才培养的课程内容也应始终保持先进性，紧跟时代发展要求进行及时更新与调整。因此，在学生核心素养培育过程中应紧紧结合时代需求、专业特征和学生群体的特点来选择合适的课程内容，使课程内容既包含常规的知识，又能适时引入相关领域的前沿知识和科研成果，促使课程内容的更新与知识、技术的更新保持同步。同时，企业作为人才的使用和评价主体，拥有着丰富的教育资源。所以，学校可以和企业建立有效的连接－反馈机制，通过聘请企业人员定期讲座等形式将企业生产实践过程中运用的最新知识和技能引入课堂，实现课程内容的及时同步更新。此外，企业硬件设施的更新换代速度远远超过高校，所以高校可以借助企业先进的设备平台，促使学生接受最新的课程内容。

第三章 基于核心素养培育的课程建设

（四）激发学生跨学科学习行为和能力

1. 引发学生跨学科学习行为

跨学科学习指向学生的问题解决能力，使学生在问题情境中探究学习，实现知识的跨情境迁移。驱动性问题能够让学生在真实的问题情境中，从知识和情感两个方面去迁移，在积极的情感体验中有效学习。驱动性问题为跨学科知识的学习提供了出发点和外在方向，而跨学科学习则对驱动性问题的提出赋予了新的要求和特质。

基于课程统整的跨学科学习的驱动性问题要具有真实性。真实的跨学科学习接近"现实世界"情境的学习，以真实的驱动性问题为激励，诱发真实的学习过程，在真实的学习评价中产生真实的成果。基于学科整合的学习指向学生的问题解决能力，将学科核心概念与真实生活情境联系起来。驱动性问题与学生的实际生活经验建立联系，激发学生的探究兴趣。真实的驱动性问题具有开放性特征，在开放的问题情境中，探索更多的问题答案和学习方式，培养学生的创造性思维，提升学习的自我效能感。真实的驱动性问题具有转化性特征，真实的驱动性问题使整个学习过程真实可信，能够将学科知识内化为个体经验的知识价值取向，帮助学生从学科学习和群体活动两个层面与现实世界建立联系，真正提高学生的问题解决能力。

学科整合学习的驱动性问题具有复杂性。在解决复杂的现实世界问题时，运用单一学科知识去解决是难以实现的，须要学生糅合、运用多个学科的知识，这就要求驱动性问题的设计要蕴含多学科知识。问题的提出不仅要映射多学科的核心概念，体现知识的复杂性，也要凸显实践活动的复杂性。学习的最终目的是培养学生的问题解决能力，教师在问题设计时要考虑何种问题能最大限度地整合多种学习实践来培养学生的能力。在驱动问题的引导下，学生综合运用各个学科知识解决问题，灵活采用多种实践活动，引发跨界学习行为，形成复杂性思维。跨学科学习的驱动性问题具有挑战性。驱动性问题的挑战性更为直观地指向学生的问题解决能力，追寻知识的广度及学科的深度和关联度。跨学科学习聚焦问题解决创见、决策、实验等高阶认知策略，因此，驱动性问题也要蕴含一定的高阶认知策略。挑战性的驱动性问题引发学生的高阶思考，提供给学习者一个广阔的多维度探索空间，引发学生的思考和探究，从而获得知识的迁移。然而，本质问题对于处在小学阶段的学生来说过于深奥、抽象，因此，在进行驱动性问题的设计时，要将过于深奥的、包含关键概念的本质问题转化为与学生相关联的驱动性问题，增加问题与学生的"黏性"，让学生更感兴趣。一个具有挑战性的驱动性问题能够促进学生高阶思维的运用。驱动性问题的挑战性提高了学生的思维高度，让学生在高阶学习中内化知识、提高能力。

2. 培养学生解决问题的能力

学习的开展需要学生的亲身实践，需要学生带有思考、假设、探究性质的动手动脑的行动。夏雪梅教授把学习实践大致分为五种形态：探究性实践、社会性实践、审美性实践、技术性实践、调控性实践。探究性实践是从对真实世界的观察中发现问题，经过和知识的联结抽象，再次回到真实的世界，产生迁移。探究性实践是学习的主要实践活动，也是学生在解决问题时经常用到的实践活动。社会性实践是指通过与他人的交流沟通获取信息，在与他人的相互理解、相互合作中解决问题，建立社会性联系，使学生在社会性实践中发展自己交流与合作的能力。审美性实践是指在项目化学习的成果公开中，包括产品的制作、报告的形成以及PPT的制作，需要学生有一定的审美能力。审美性实践能够使学生富有美感地解决问题，在学习中体现人文艺术情怀。技术性实践是指学生灵活运用各种工具解决问题。技术性实践在当代信息技术、人工智能飞速发展的社会尤为重要。学习周期长、答案不确定、需要团队合作、成果公开化等特点都对学生的自我调控、制订计划、管理时间等能力提出了更高的要求，所以在学习中，学生也要经历调控性实践。调控性实践可以使学生在学习中积极有效地调节自己，使学生更加主动地投入学习，延长学生学习的有效性。

在跨学科学习中，五种学习实践形态并不是相互独立、分裂的存在，而是有一定的交叉和融合。教师在实践活动中要确保学生始终处在主体地位，确保学生有更大的自主权去思考和探究问题，培养学生的创造性、能动性、责任感。在跨学科学习设计中融合多元学习实践活动，发展学生的问题解决能力。跨学科学习作为一种探究性的学习活动，其中探究性实践、社会性实践和调控性实践是不可或缺的。教师在设计教学活动时，要尽量将不同的学习实践形态有机地融合在一个活动中，让学生尽可能地涉及多元的学习实践活动。

(五) 加强课程统整的专业队伍建设

1. 组建课程统整专业团队

从研究主体看，教师是开展以课程统整促进学生核心素养发展研究的主体力量，且多以教师的自我反思与独立探究为主，存在力量分散、积极性不高等特点。为此需组建专业化的课程统整研究团队，汇聚团队的智慧和力量。一般而言，可

第三章　基于核心素养培育的课程建设

由学校出面聘请一批师德高尚、理念先进、业务精湛、熟悉管理、勤于钻研、乐于奉献的专家、学者和骨干教师，组成课程统整专业研究团队，并将其细分为若干研究小组，如基于学科内的课程统整研究课题组、基于跨学科的课程统整研究课题组、基于主题或活动的课程统整研究课题组、学校本位的课程统整评价研究课题组等。各研究课题组再根据研究计划，创造性地开展研究工作。比如，可在学期初制订相应的研究计划，并做好阶段性的研究总结与报告；组织开展相应专题的研讨活动；联合编写《核心素养导向的课程统整指南》等。

2. 加强课程统整基本理论研究

从研究内容看，针对核心素养与课程统整的既有研究，总体而言存在着成果数量少、研究分散、尚待深化等问题，尤其是一些基本的概念和理论问题，亟须得到系统论证和澄清。比如，何谓课程统整？如何科学把握课程统整与学生核心素养发展的关系？课程统整与课程整合、课程一体化、课程综合化的区别与联系是什么？课程统整的核心功能有哪些？课程统整程度越高是否意味着效果越好？课程统整的理论基础有哪些？应该遵循哪些基本的原则？跨学科统整时，如何把握学科间的边界？以现在较为流行的跨学科课程统整教学为例，许多号称为学科间统整，仅单纯地忽略学科之间的界线，事实上却是非学科的。鉴于此，在注重引介国内外其他学科课程统整研究成果的基础上，应进行系统的梳理和辨析，尤其是基本概念及其相互关系的澄清。此外，还需要结合学科的特性、课程标准的要求等，进一步加强和拓展课程统整的基本理论研究，科学回答课程统整在学生核心素养发展中的功能、定位等问题。

3. 重视课程统整本土化

近几年来，国内教育学者日益关注和重视实证研究的独特价值，认为其是"教育学走向科学的必经路径"。从研究方法看，国外关于核心素养与课程统整的既有研究成果十分重视实证研究，具有代表性的如美国的"八年研究计划"，其研究表明接受统整课程教学的学生在学业成就表现方面要优于或不低于接受传统分科教学的学生。又如，利伯曼通过教学实验证明实施统整课程有利于缩小学生之间在学业成就表现方面的差距。哈格里夫斯等通过实证研究表明，实施统整课程，既能够促进学生学业成就的发展，又能够激发学生的学习动机、创造性思维以及良好师生关系等方面的发展。而在国内关于核心素养与课程统整的既有研究成果中，基于理论描述、思辨性的研究成果较多，而基于证据的实证性研究成果匮乏，从而导致研究结果的可靠性、应用性弱化，无法为广大一线教师提供学习、参考的借鉴。因此，在注重课程统整基本理论研究以及引介国外课程统整研究成果的基础上，迫切需要加强立足于我国国情、校情、生情的实践研究，尤其是应注重在全国范围内筛选课程统整的典型案例，通过深入研究，重点梳理、发掘这些典型案例的成功经验、先进模式和实践特色。

"课程统整"不仅是一种先进的课程理念，更是一种重要的课程实操，跨学科课程统整已成为当今世界各国深化课程革新的重中之重和面向未来发展学生核心素养的关键所在。为此，聚焦、聚力于跨学科课程统整与学生核心素养发展基本问题的探究，不仅必要而且尤为紧迫。

第四章　基于核心素养培育的课堂教学设计

核心素养是学生应具备的最关键、最必要的基础素养，它是知识、能力和态度的综合表现，是具有发展连续性和阶段性的，最重要的是可以通过接受课堂教育来形成和发展。课堂教学是培育学生核心素养的主要渠道，为此，必须深化课堂教学革新，从优化教学设计入手，在课堂教学设计的各个环节上想思路、找对策。

第一节　着眼核心素养解读教材

一、着眼核心素养解读教材的本质

目前，我们的教材编写政策是一纲多本，不同版本的教材如何做到既反映核心素养理念，又各具特色，这是一个难题。不可否认的是，各个版本的教材质量并不均衡。这就对一线教师如何以核心素养为着眼点解读和处理教材提出了不小的挑战。

核心素养视域下的教材解读要求教师解读教材的时候应该站在核心素养的立场，时时处处把培养和发展学生的核心素养放在首位，努力发掘教材中的核心素养，并加以整合。例如，"学会学习"是核心素养的重要组成部分，核心素养视域下的课堂应当是学生自主学习的课堂。为此，教师必须为学生提供最适合自主学习的材料。学生在课堂上自主学习的材料包括教材、学习辅导材料，它们在学习材料中占有重要地位。研究表明，现行教材大部分并不具备自主学习式教材的特点。教师解读教材时，就要思考如何把学生的学习方式放在首位，对教材进行二度开发，使提供给学生的学习材料更加简略化、结构化、简易化、丰富化。

再如，文化基础也是核心素养的重要组成部分。文化基础离不开文化知识，教师解读教材就必须研读课本所承载的信息，领会编者的设计意图，牢牢抓住核心知识，把握对象的本质属性，不断研究学科知识的内在逻辑关系。总之，教师解读教材的着眼点是为了真正实现学生的可持续发展和终身发展而努力将核心素养的培养切实有效地落实到课堂教学中来。

核心素养视域下的教材解读要注意上下勾连、纵向贯通。教师要深入研究每一节的内容在本单元中所处的地位，与本单元其他课文、章节之间的联系，甚至还应该考虑本章节的内容与本学期、本学年乃至本学段其他课文、章节之间的联系，这样才能从整体上把握和处理教材。

核心素养视域下的教材解读要求教师以发展的眼光解读和使用教材。全国教材丰富多彩，有人教版、鲁教版、粤教版、苏教版等多种版本。不同版本教材的理念是相同的，都可以追溯到发展学生的核心素养上。学生生活随时代的发展而变化，学生的学习过程也是动态开放的，教材也必须是发展的、开放的，所以教师不能机械生硬地"教教材"，而应该灵活有效地"用教材教"，这样的教材解读才能真正为学生的核心素养培养服务。

总之，核心素养视域下的教材解读要在研读核心素养基本理论的基础上，以有利于学生学习发展为原则，创造性地处理教材，努力发掘和整合教材中的核心素养，要整体把握教材的内在联系，避免重复、低效的教学，从而提高学生学习的效率；同时厘清教材的内在逻辑，联系学生的生活实际，结合教师自身的性格特点，绘制个性化的教学路线图。这是教师上好课的前提条件，也是学生进行有效学习从而提高核心素养的前提条件。

二、着眼核心素养解读教材的关注点

（一）关注学科知识的双层意义

教材中蕴含着丰富的学科知识。任何学科知识就其结构而言都可以分为表层结构（表层意义）和深层结构（深层意义）。表层意义主要指知识所直接体现的学科内容。深层意义是蕴含在学科知识内容和意义之中的精神、价值、方法论以及生活意义。表层意义存在的方式是显性的；深层意义存在的方式是隐性的，是学生素养形成和发展的根本。

核心素养视域下的教材解读要求教师关注学科知识的双层意义，尤其要关注知识的文化意义。解读教材就是要通过语言文字深入文本内核，准确理解文本的深层意蕴。教师要关注学科知识的双层意义，就需要通过一定的方式和途径不断提升自己的文化底蕴。

（二）关注教学起点和后续知识

核心素养视域下的教材解读，要求教师关注教学的起点和后续知识，在解读教材的同时解读学生。在设计教学环节时，教师要链接学生的原有知识，重温与新知识相关的基础知识，重点分析旧知识和新知识之间的联系，把教学起点放在学生的最近发展区，以便更好地同化或顺应新知识，从而满足学生的学习需求，并激发学生自主学习的积极性与自觉性，使其核心素养得到有效发展。

（三）关注落实核心素养的重难点

读懂每节课的教学重点和难点是实现有效教学的关键，因为它将直接影响学生的学习效率和效益。因此，核心素养视域下教材解读的关键是读懂体现核心素养的教学重点和难点。为了更好地读懂教学的重点和难点，教师应认真解读与新知识有关的知能基础、后续知识、知能盲区和学习障碍，做到"到位"但不"偏位"和"越位"，既符合学生的认知规律，又围绕教学重点，还有效突破教学难点，让教学更有效。

第二节 着眼核心素养确定教学内容

一、着眼核心素养取舍教学内容

核心素养视角下教学内容的取舍和确定要求教师深刻理解核心素养的内涵，准确把握我国学生发展核心素养基本要求的文化基础、自主发展、社会参与三个方面，人文底蕴、科学精神、学会学习、健康生活、责任担当、实践创新六大要素，以及十八个具体要求。

为了能够切实按核心素养视角取舍和确定教学内容，教师必须认真学习专家关于核心素养的阐释，借鉴先进的教学理论，结合自己的教学实践，把教学内容的确定落到实处。教师应考虑以下几个问题。

① 确定教学内容的依据还是课程标准。强调三维目标时，我们的依据是课程标准，核心素养视域下的课程标准也是确定教学内容的依据，教师要认真研读，领会精神，让教学内容符合新课程标准的基本要求。

② 认真解读教材，充分领会编写者的意图。教师要认真解读教材，充分领会编者的意图，也就是领会为什么要学习这些内容，为什么要在这个年级这个章节

学习这些内容，要凭借它学习哪些知识、技能，培养哪些品质，发展哪些核心素养，可以用怎样的方式学习这些内容，这些内容前后之间有何联系。只有认真读懂这些问题，才会领会编者的意图，设计的教学内容才不至于偏离核心素养。

③依据学生学情，确定教学内容。爱因斯坦认为："所谓素养，就是学生把学校所学的知识忘掉后剩下的东西。"剩多剩少，就看我们的课堂教学。在高效的课堂教学中学生剩下的素养，特别是核心素养就多，否则就少。课堂教学是否有效、高效，主要看学生是否积极主动地参与学习，也就是教育家认为的学习的在"场"性。这种主动学习，也即在"场"，是与学生的认知水平、已有知识、生活阅历、兴趣爱好、个人意义相联系的。离开了这些就不在"场"，就不会有学习发生。不考虑学生的这些学情，教师的"教"就起不到作用。特级教师于漪说过：教师的立足点要从习惯性以"教"出发转换到以学生的"学"出发，要充分考虑学生的实际，考虑他们想学什么，怎么学，学的过程中会遇到哪些障碍，怎样帮助学生解决这些问题，怎样才能使他们发挥积极性，让他们有主动学习的时间和空间，怎样才能挖掘学习的潜能，有所发现，有所创造。于老师的这段话就是提醒大家，要从以教师的"教"为主，转到以学生的"学"为主。

因此，在取舍和确定教学内容时，一定要充分考虑学生的学情，考虑他们的生活环境、年龄段特点、认知方式，甚至地域特点。要从学生的学习需要、学习兴趣、情感体验，以及学生学习的思维四方面考虑，确定合宜的学习内容，提高教学的有效性。

二、着眼核心素养的教学内容关注点

（一）关注学生核心素养的全面发展

学生发展的核心素养是适应个人终身发展和社会发展需要的必备品格和关键能力。在取舍和确定教学内容时，一定要从整体上把握人文底蕴、科学精神、学会学习、健康生活、责任担当、实践创新等核心素养，通过知识、技能、情感态度和价值观多维度呈现，不能只偏重一个或几个方面，而要全面考量，总体把握。

（二）关注学生对核心素养的发展需要

苏联教育家苏霍姆林斯基说过："在课堂上教师不仅要想到所教的学科，而且要注意到学生，注意到学生的感知、思维、注意力和脑力劳动的积极性。"苏霍姆林斯基强调的，简单点说就是根据"学生的需要"确定教学内容。当然，这里的"学生需要"分为主观需要和客观需要。

1. 主观需要

主观需要就是学生表现出的喜好，这种喜好有好的，也有坏的。比如学生喜欢玩耍，不喜欢学习，喜欢玩耍在教学中可以利用，但不喜欢学习就不能满足他们的需要了。

2. 客观需要

客观需要就是学生发展核心素养真正需要的教学内容，这些内容中有些是学生不喜欢的，但是因为客观需要，所以要用，而且要设法让学生喜欢。核心素养视域下确定教学内容，一定要处理好学生发展的客观需要与学生的实际情况、主观喜好之间的关系，做好联结工作，使核心素养的培养落到实处。

（三）关注教材的丰富性和拓展性

教材是死的教学内容，尽管它倾注了专家的心血，体现了核心素养的要求，但是任何事物都有一个丰富、发展、完善的过程，教学内容也不例外。虽然我们坚持用教材教，不脱离教材，但更鼓励教师对课程的创新和开发。

第三节　着眼核心素养确立教学目标

教育的最终目的是实现人的发展，因此，核心素养视域下的教学目标设计始终要以学生为中心，教师要对学生已有的知识和技能、经验和能力、情感态度和价值观有所了解，同时还要清楚地认识到不同年龄和班级的学生在生理和心理、认知结构、学习风格等方面的差异和特点。这样确立的教学目标才更符合学生的需要，才能实现发展核心素养的总目标。

一、实现目标的定位转向

教师由于受传统教学目标制订的惯性和对教材文本理解的片面性影响，教学目标的设置往往只是定位在知识和技能层面，这样的目标定位已经无法适应当今社会对学生知识和能力发展的要求。

核心素养视域下的教学目标定位，应当从知识、能力定位向思维、智慧定位，从传授知识、培养能力定位向发展思维、启迪智慧定位，这样的目标定位才符合核心素养发展的根本要求。

二、正确处理核心素养多元维度之间的关系

核心素养分为文化基础、自主发展和社会参与三个方面，综合表现为六大素养和十八个要点。由此可见，核心素养的内涵是丰富而全面的，因此，新时代的课堂教学不能仅限于对学生知识和技能的单一培养，而是包含知识、技能、情感态度和价值观等在内的多元维度。它们之间的关系不是并列的，不是交叉的，更不是相互割裂的，而是相互紧密地联系在一起的。

当前，许多教师已经意识到教学目标设计内容要丰富，但在具体目标设定中容易出现孤立和抽象的问题，具体表现为目标的提出脱离教学的具体内容和方法，将多元维度的核心素养发展目标割裂化。

出现这种现象和问题的原因就在于教师没有正确处理好多元维度之间的关系，只是一味地追求教学目标的全面完整，忽略了教学目标各维度间的内在联系。这样的目标设计直接影响了教师教学内容的提炼和教学方法的选择运用，从而影响学生有效的学。因此，在设计教学目标的过程中，要处理好核心素养多元维度之间的关系，以全面促进学生核心素养的提升。

三、明确提出核心学习任务

目前，不少教学目标的设置呈现出空泛和模糊的问题。所谓空泛和模糊，主要指设计和提出的目标笼统不清。这就使得在具体的教学过程中，教师不知道本节课自己的核心教学任务，学生也不知道这节课自己需要完成哪些核心学习任务，从而导致教学目标的提出无法对教师的教和学生的学起到具体指引作用。

核心素养视域下的课堂教学主张开展基于任务和项目的学习活动，这就要求在设计教学目标时，必须让学生明确具体的学习任务，这样的教学目标更能促进学生核心素养的发展。

第五章　基于核心素养培育的课堂学习指导

核心素养不仅指学生应具备的知识与技能，更重要的是获得知识与技能的能力，还包括运用知识与技能的能力。因此，课堂教学要提高效率、关注效能，做"正确"的事。也就是说在教师的课堂指导下，学生要优化课堂学习过程，主动地、有目标地学习，从而获得能力与品质。

第一节　建构学习中心课堂

学习中心课堂是指以学生学习活动为整个课堂教学过程的中心或本体的课堂。在学习中心课堂中，要尽可能让学生独立地学习。在学习中心课堂中，教师的教导作用仍然是不可缺少的，但教导在教学过程中的地位和功能要进行调整，即要调整为引起和促进学生能动、独立和有效学习的条件或手段。

一、以学习为本的教学理念

我国著名教育家陶行知先生曾提出："先生的责任不在教，而是教学生学。"陶先生鲜明地表述了"以学定教"的思想。教育（特指学校教育）从本质上讲就必须是以学定教的，这种本质不因时代、地区的差异而有所区别。教育就是一种有教师参与帮助的学习，教师必须依据学生的学习规律和学习状况安排自己的工作，成为学生学习的帮助者、促进者。学是教的起点，也是教的终点。

目前，大家所说的以学定教、为学而教或以学评教，其实都是教育本质的必然要求。特别是在学习型社会建设的背景下，孕育了"以学习为本"的新动向。教学始终贯穿着对学习的重视和尊重。

（一）学习的本质与教学的困境

关于学习的本质探讨，学者和一线教师在课堂教学理念方面已经形成了共识，以学生为中心、关注学生的全面发展、以学生为主体等教学主张被广泛认同，但在教学实践层面仍不尽如人意，课堂的真实状态仍然表现为以教师为主导，学生的学习权利被剥夺，"以学习为本"的课堂没有真正建立起来。

人是教育的目的，但传统课堂教学看不到人的存在。教学以固化的知识学习为目标，将学生看作工具人，人的情感和价值需要得不到真正的体现。在以学习为本的教学中，学生是作为精神实体出现的，是作为人的身份而存在的，学生在课堂上有思考的权利、有自主学习的欲望、有情感不断得到满足的需要。因此，课堂教学革新必须回归到对学生本身的关注上，赋予学生应有的学习权利和自由，让他们在教学生活中展现生命的价值。

学习的过程是不断赋予生活以意义的过程，随着学习活动的展开，学生不断扩大着自己认识的边界。行为主义心理学认为学习是刺激与反应之间联结的加强，认知学派则主张学习是认知结构的改变，人本主义心理学派认为学习是自我概念的变化。这些观点都从不同角度揭示了学习的特征，有助于教师更好地组织学生的学习活动。但问题在于，这些观点都侧重于从结果的维度阐释学习，而没有从过程的维度阐释学习的内涵。学习的过程不仅仅是学习者知识的不断积累，还应包括情感、态度、价值观的改变。在学习中，学习者建构客体与自身的关系，建构未知世界与既知世界之间的关系，也建构知识与知识之间的关系。这种建构本质上是学习者与外在环境之间的相互作用，学习者的学习具有不可替代性。因此，必须改变传统教学中教师讲授、学生被动接受的局面，真正建立起以学生的"学"为主要内涵的课堂教学样态。

另外，现代社会以经济全球化、信息化和人的个性化存在为鲜明特点，云计算、云教育、大数据时代给人才培养模式带来了巨大的挑战。处于现代社会中的人，不仅要掌握适应现代社会需要的信息化、智能化、个性化、创新性的学习能力和发展能力，更要具有尊重、合作、理解、分享的学习和工作品质。学习不应仅仅是升学考试的要求，更是现代社会人们的基本生活方式。

随着以学习为本的课堂教学主张被广泛认可，对其内涵以及实践样态的认识还需进一步深化。以学习为本的教学有着怎样的意旨，如何将以学习为本的理念转化为有效的教学实践等，这些问题都需要进一步探讨，以真正促进教与学关系的转变，实现课堂教学的根本性变革。

（二）以学习为本教学理念的实施策略

1. 教学应服务于学生的学习

教学是一门地地道道的助学艺术、促学技艺，有利于加速学习活动的进程、提升学习的效能、增进学习的深度、优化学习的品质。只有在学习发生的地方才需要教学，教学存在的目的是引发学习、解放学习、维护学习以及增强学习。"学"是"教"永恒的服务对象，一切教学的概念、原理、现象皆根源于学习，都无法与"学"割裂开来。

"为学而教"是教学的内涵。教学只是学生学习过程中的一个附加因素。教学的一切价值与意义都体现在它对学生学习活动的积极改变所做出的努力中。学习活动的多面性、多层性决定了教学活动的价值指标体系。学习是过程与结果的统一，是目标与行动的复合，是动力与智力的交汇。

2. 学习乃教学的原发性动力

如果课堂教学缺少了学生的学习，就像是丢失了灵魂的躯壳。那种无活力、无动因的课堂教学，极有可能成为恩格斯所说的"智慧的屠宰场"，因此我们必须要找到教学的原发性动力，那就是学习。

3. 教是为了达到不需要教

我国著名教育家叶圣陶认为，教是为了达到不需要教。他说："凡为教者必期于达到不需教。教师所务唯在启发导引……展卷而自能通解，执笔而自能合度。"叶圣陶的意思非常明确，"不需要教"是因为学生有了自主学习和学以致用的本领，即"展卷而自能通解，执笔而自能合度"。这显然是教导我们走"以能力为重"的路子。能力总是在活动中表现出来并通过活动不断增强和发展。学生的自主学习和自我发展的能力只能在学习活动中提高。

二、以素养为重的教学转向

（一）转向意义建构

"讲"，如果指的是讲授方法，那是无可非议的，因为没有一个教师在课堂教学中不曾用过讲授方法，也没有一个教师在教学中可以不用讲授方法。美国心理学家奥苏贝尔主张有意义的言语接受学习。在他看来，言语讲授的实质是建立新知识与学生原有知识经验之间的联系。新知识的获得主要依赖原有认知结构中适当的观念，并通过新旧知识的相互作用而实现知识的"同化"。因此，讲授的主要任务在于说明新旧知识的关系和联系，弥补学生原有经验的不足，剖析新知识自身各要素之间的关联。

当代的建构主义认为，知识是人类认识活动的成果，而这些成果是不可能像商品或什么东西那样，可以任意地给予、奉送或告知的。知识只有通过学习者运用自身的经验予以解释才能获得其意义。因此，教师必然要从授予者变为促进者。教师的讲授表面上好像是在传授知识，实际上只是在促进学生自己建构知识的意义而已。

（二）转向对话交流

从课程实施的角度看，教学是教师和学生以知识为背景，以语言为中介的一种交流。教师与学生各自凭借自己的经验，用各自独特的精神表现方式，在教学过程中通过心灵的感应、意见的交换、思想的碰撞、合作的探讨，实现知识的共同拥有与个性的全面发展。在这样的教学中，课堂已不再是教师"自弹自唱"的舞台，也不再是一个个学生张开口袋等待灌注的知识回收站，而是生机勃勃的思维活动的广阔天地，是浮想联翩、精神焕发和创意生成的智慧的沃土。在这种课堂学习中，别人的信息为自己所吸收，自己的经验被别人的看法所唤起，不同的意见在撞碰中相互同化，于是，每个人的经验都得到了改组和改造。

（三）转向合作学习

合作学习是20世纪70年代初兴起于美国，并在20世纪70年代中期至80年代中期取得实质性进展的一种教学理论与策略体系。由于它在改善课堂气氛、大面积提高学生的学业成绩以及促进学生非智力品质的发展等方面实效显著，很快就受到了世界各国的普遍关注，并成为一种主流的教学理论和策略。美国著名教育评论家埃里斯和福茨认为，如果让我们举出一项真正符合"革新"这个术语的教育革新的话，那就是合作学习。美国教育学者沃迈特则认为，合作学习是近十几年来最重要和最成功的教学革新。

三、以潜能开发为目标的教学实践

（一）唤起内发动机

动机是直接推动一个人进行活动的内部动因或动力。对于如何激发学习动机和调动学生的学习积极性，教学设计专家们曾经进行过一系列的研究，如凯勒提出的ARCS动机模式就包含激发和维护学生注意力、突出针对性、建立自信心、创设满意感四个因素。沃特科沃斯基的 TC 动机设计模式则把主要动机因素置于连续的教学过程中加以考虑。他提出，在教学中，开始阶段相应的动机因素是态度，教学展开阶段的相应因素是刺激，教学结束阶段动机的相应因素是能力。斯皮策的动机情境观则强调，有效学习的发生取决于以往的学习体验及现有学习情境提供的诱因，应创设一个富于激励性的学习环境。

1. 吸引学生的注意

凯勒的 ARCS 动机模式提出了三种激发注意力的方法：一是唤起感知，即利用新奇的、不合理的、不确定的事情来引起学生的注意；二是引发探究，即通过激发或要求学生产生要解决的问题来刺激寻求信息的行为；三是利用变化力，用丰富多彩的教学活动引起学生的兴趣。

2. 激发内在的需求

人的绝大部分动机都是需求的具体表现，或者说是需求的动态表现，需求可以表现为兴趣、意向、意图、信念等。

心理学研究表明，由学生内在需求所引起的认识兴趣对学生学习的推动力是持久而强烈的。因此，如果能唤起学生的好奇心和求知欲、引发学生的惊奇感和认知冲突，就能激起学生的学习积极性。苏联教育家巴班斯基在谈到如何引起学习成绩差的学生的好奇心和求知欲，使他们对学习产生兴趣时，建议教师采用能激发学生认识兴趣的方法。

3. 发挥目标的作用

学习目标是学生对学习结果的预期，具有很强的引导和激励作用。运用学习目标调动学生的学习积极性，就是要使学生明确学习的目的，即认识学习的个人意义和社会意义，并且设计出一步步逼近目标的合理而又可行的小目标，让学生在一个个小的成功的鼓舞下，始终保持适当的学习激情。

4. 利用成功的推力

苏联教育家苏霍姆林斯基把给予学习者取得成功的欢乐看成"教育工作的头一条金科玉律"。心理学的大量实验证明，学生的学习积极性同他们的成就动机以及与此相联系的抱负水平密切相关。因此，在教学实践中尽力去诱发学生的成就动机，提高抱负水平，使他们产生自我成就感，就成为一种很重要的激励策略。

（二）具身投入的活动

当代认知心理学提出的"具身认知"强调，从简单到复杂的各种认知活动，都需要脑和身体的共同参与。

1. 具身认知的主要观点
（1）认知根植于身体

离身认知基于传统的哲学二元论，将认知与身体视为两个独立的部分，无论是信息加工主义还是联结主义，都将身体排除于认知之外。从离身认知的角度来看，传统的认知科学并没有否认身体的重要性，只不过身体虽然重要，但它只是认知的生理基础，认知寄托于身体而非依赖于身体。然而，具身认知的提出让我们重新思考身体与认知的关系，将身体重新带回我们的视线。它强调认知绝不是脱离于身体的抽象过程，而是依赖于身体而形成的，身体的结构、状态会影响我们认知的结构、状态。例如，我们依托于身体形成关于"前""后"的概念，并拓展到一些抽象概念中，如"前进"的积极意义和"后退"的消极意义。这种抽象意义是通过我们的身体感知、理解到的。

事实上，尽管我们在介绍具身认知时会强调身体对于认知的影响，但具身的含义并不仅仅是"身体影响了认知"，它所主张的是思维、判断等认知过程本身与身体的感觉-运动系统构成了耦合关系，即身体是认知的基础，认知根植于身体，身体与认知相互影响。身体是认知的身体，认知是身体的认知。知觉、思维等认知过程与身体紧密交织在一起，在与环境互动的过程中组成了心智、大脑、身体、环境的有机整体。这里的身体并不只是物理身体的在场，而是身体整体的在场，包括了人的认知、情绪、情感、意志等。事实上，具身认知认为我们不应该将身体区分为身、心两部分，身体就是一个完整的整体。人首先通过身体的方式而不是意识的方式与外在世界产生联系，并且意识的、理性的分析和判断在很大程度上受到无意识的感觉运动图式的左右。

认知根植于身体也意味着一种整体性，这种整体性并非简单的身体与精神的相加，而是作为"身体本身"这样一种存在。我们的精神、意识，我们的躯体、肉体，我们的情感、个性、态度等都是这个"身体本身"的一部分。在具身出现之前，人们偏向于从"物"的角度来看待身体，在这个躯壳之内还有一个"我"的存在，那才是本质。但具身重新定义了"身体"的意义，不再以人为的标准来划分"身体"。在具身这里，"身体"是一个浑然的整体，我们既不是纯粹作为意识而存在的，也不是单纯的躯体，而是赋予身体最初的意义，身体就是我们自身，是"身体本身"的存在。因此，身体在与认知、环境的互动之中自然也受情感、态度等因素的影响。在具身认知研究中，国外的许多研究者都很关注身体、认知与情感之间的关系。无论如何，身体作为一个整体性的存在，无法忽视情绪、情感的影响。

（2）认知嵌入环境

认知是基于身体的，也是根植于环境的。身体与世界的互动促成了知觉和认知功能的产生。事实上，这一观点早在海德格尔的"在世界之中存在"的概念中就有所体现。认知并非一个孤立而抽象的存在，人们通过身体去感知世界、认识世界。身体作用于环境的体验是认知和思维的基础。传统认知主义把认知看作个体内部的私人事件，认为认知的过程是抽象的、孤立的、符号性的。而具身所认同的认知是嵌入环境之中的。我们不可能真空地存在，并不可避免地与世界进行互动。我们必然存在于世界之中，与周围的世界产生联系，不管是事、物还是他人。只要我们在这个世界中存在着抑或是存在过，都会给世界留下一点痕迹，也许微不足道，但确实存在着。人与人、人与物、人与环境都是相互联系、相互依存的整体。我们的身体生活在这个世界之中，我们的认知与行为就不可能脱离这个世界，即我们的认知无法脱离于环境。认知必须要置于它所存在的环境之中，我们的认知、身体与环境是一个完整的整体。

而具身所说的认知嵌入环境，也在强调这一整体的动态性、生成性。认知、身体与环境这一相互联系着的整体并非静态的统一体，认知在嵌入环境的同时，基于身体与环境的互动，会随着环境的变化发生改变。不同于信息加工理论将环境与认知的关系定义为线性的因果关系，具身认知下的认知、身体与环境是一种耦合关系，彼此之间相互影响、互为因果。这种耦合性也决定了具身认知是一种实时变化的连续体，而不是简单的"输入—加工—输出"，并且这种变化是主动而非被动的。认知并非被动地接受环境的影响，而是与身体作为身心统一的整体，在与世界的互动中主动地建构意义。

2. 具身投入的活动分析

（1）知、情、意融合

从活动结构的角度来看，人的各种水平的生命活动都是由活动主体需要、客体对象、目的、内容、手段与工具、行为过程、结果及调控机制等要素构成的。从活动水平的角度来看，人的生命活动由三个层次构成：最基础的层次是生理水平上的个体生命活动，第二个层次是心理水平上的个体生命活动，第三个层次则是社会实践水平上的个体生命活动。可见，活动涉及人与外部世界的相互作用，涉及个体生活的不同层面。从这个意义上说，课堂教学一定要促使学生全身心地参与和投入学习活动中。

新课程标准倡导学生主动参与、乐于探究、勤于动手。因此，应尽力推动学生自觉参与课堂教学活动。心理学研究指出，只有设法使学生参与学习任务，才能达到激励学生的目的。我国的研究者在国内外相关研究的基础上，对学生参与做了深入的研究。研究提出，可以把学生在教学过程中的参与定义为学生在课堂教学与学习过程中的心理活动方式和行为努力程度。学生参与主要包括三个基本方面：行为投入、认知投入和情感投入。

（2）口、手、脑并用

如果说活动的实质是"做"，那当然可以通俗地理解为动手、动口、动脑。著名教育家陶行知先生说："所以单单劳力，单单劳心，都不能算是真正之做。真正之做须是在劳力上劳心。"所以，口、手、脑并用才能有效掌握知识、发展能力。事实上，获得知识的过程是一种"经验活动"。

正如美国教育学家索尔蒂斯所说："知识不仅仅是头脑和书本中所包含的东西，而且还包括我们参与社会生活时动手操作与行动中所包含的东西。"所以，学知识与学做事应当融为一体。

口、手、脑并用在教学中是有机统一的。苏联教育家维果斯基、列昂节夫的活动理论认为，行为、言语、意识本来就是统一的。心理学大师皮亚杰也指出："我们的各种认识形式既不是来自感觉，也不是来自知觉，而是起源于整体行为，知觉在这一整体中只起着信号作用。"

皮亚杰把获取知识的活动分为两种——以内在心理活动为特点的逻辑运算和改变客体的经验活动，并且认为正是这两种活动"构成了我们科学知识的起源"。在现实的活动中，人的内心活动同行为操作是相互联系和相互作用的两个方面，它们统一于同一活动过程中，而语言是其中的载体和调节因素。

（3）教、学、做合一

活动，特别是教学活动本身就是教、学、做的合一。知识、做事与做人是统一的，它的核心是实践。亚里士多德认为，实践就是善的实现活动，并且这个活动本身就具有善的品质。在善的实现活动中，我们逐步形成了支配自己进行选择的品质。一个人的实现活动怎样，他的品质就会是怎样的。

第二节 注重对学会学习的引领

一、学会学习理念的产生及发展

追根溯源，学会学习理念是跟随着终身学习思想的出现而兴起并逐渐发展起来的。1996年，联合国教科文组织（UNESCO）发布《学会生存——教育世界的

第五章　基于核心素养培育的课堂学习指导

今天和明天》。在这一报告中，终身教育的思想理念被着重强调，面对随时可能会消失的岗位以及人无法一生只从事一种职业的情况，学习成为人的一种生存方式。同年，国际教育委员会以"思考21世纪的教育与学习到底是什么"为主题，发表报告《教育——财富蕴藏其中》，将终身学习与个人生命的外延、社会的各个方面紧密联系，再次强调了学会学习与终身学习密切关联。学会学习作为终身学习的基础，是促进学习化社会形成的关键。

进入21世纪，欧盟峰会历史上首次将教育和培训作为实现其战略目标的主要途径。通过教育革新提高教育质量，使"欧盟成为世界上最具竞争力和最具活力的知识型经济体，并且能够带来更多更好的工作以及更强的社会凝聚力"。

随后，欧盟教育部长理事会通过一系列革新来实现其未来教育目标。在众多的文件与报告中，教育委员会明确指出在知识型社会中，工作和生活所需要的技能中最重要的一项是"学习的能力"，其为学会学习素养在各国教育革新中的讨论奠定了基础。2005年，为了制订教育和培训指标基准，终身学习研究中心成立，其成立后首先关注的就是学会学习。

在各个国家为应对21世纪挑战而构建的核心素养结构体系中，有一些框架直接将"学会学习"列入核心素养框架体系，而有一些则以间接的方式提及"学会学习"。师曼等学者对全球29个核心素养框架中的素养条目进行归整，学会学习素养在29个不同国家和地区的核心素养框架中被17个框架收录。

学会学习素养在"中国学生发展核心素养"的访谈调查中被提及的频率为35.73%，在所有素养中排在第四名。有78.25%的专家在问卷调查中对学会学习素养表示认可，其在问卷调查各指标排序中位居第二，学会学习素养为各国教育教学革新提供了新方向。

2016年9月，我国发布了《中国学生发展核心素养》研究成果，学会学习素养位列其中，信息时代经济社会发展对人才培养的新要求被充分体现。大学生应能够在不可预测的复杂情境中创造新方法以解决问题，并且能够通过提供各种解释来帮助他人掌握复杂的概念、促进复杂对话延续和发展，将认知性能力素养与非认知性能力素养相结合。在瞬息万变的信息时代背景下，对社会未来人才的要求已从知识型人才向学习型人才转变。高校人才培养的主体和对象理应是大学生，而大学生的学习与发展水平是大学人才培养质量的核心体现，也是高等教育内涵式发展的重要基石。

大学生的学习与发展水平是其日后能否走向"成功的生活"与建构"健全的社会"的重要保障。从20世纪90年代开始，学会学习逐渐成为社会各界关注的新焦点，更是世界各国教育革新的新方向。调查表明，由于迈向知识时代的进程不同，对比于发达国家而言，发展中国家更加关注学会学习素养，更加关注工业化时代对于劳动者学习能力和科技素养的强烈需求。

从我国国情考虑，学会学习是提升高等教育人才培养质量、促进高等教育内涵式发展并促进学习型社会发展的重要切入点。

二、学会学习的概念

学会学习可以被理解为知识、技能、价值观、态度和性格的复杂组合，其支持并促进个人在整个生命周期中利用正式和非正式的学习机会成为终身学习者。学会学习素养对于21世纪的人来说是必不可少的。知识型社会需要不断地适应不同的工作方式和交流方式，不断地接收信息、与他人相处，并且要学会管理自己的时间，其中包括休闲时间。持久的学习是从事这些活动所必需的，正如终身学习的概念所表达的一样。这种学习被称为"在生活中进行的所有学习活动，目的是在个人、公民、社会或就业的视角下促进知识、技能和能力的提升"。

学会学习也被认为是一种促进积极公民身份、就业能力、国家经济和社会发展的手段。欧洲委员会将学会学习定义为积极主动地继续自己的学习、调节学习、管理个人和团体的时间和信息的能力。而欧盟对学会学习素养的定义则显示出学会学习跨领域性、终身性与横向性的特点，注重个人在多样复杂的情境中利用学会学习素养综合性地解决问题。

学会学习是一种"赋权素养"，这种"赋权素养"可以给予人们动机、自主性和责任感，并超越自己所处社会环境以调节控制自己的生活。如此，不确定性、变化和风险就可以被视为个人的学习机会。关于学会学习，我们要明确以下几点：① 学会学习主要强调学习者，而不是教育者；② 学会学习要求参与者需要学习什么？教育者如何支持他们？而不是参与者从各种各样的教育活动或者教育工作者那里学到的东西；③ 学习成果的主要责任在于学习者，而不是教育者；④ 教育活动必须以参与者终身学习的视角来看待，而不是一个与所有参与者同等重要的孤立的学习机会；⑤ 学会学习要成为大学教育活动不可或缺的重点部分，而不是只在特定的课程中提及。

任何关于学会学习的观点都必须从对学习的理解开始，并将个人和社会因素融合在一起。学会学习是一种"行动方法"，人们必须参与方法本身，即"学什么""如何学"。学会学习是一个素养领域，除了知识理解和技能外，还包括价值观以及信念的综合。

另外，学会学习是一个素养发展过程，其核心就是在最广泛的背景下认识到自己是一个学习者（不仅与教育有关），它包括学习动机、学习目标、学习方式、学习策略和与其他学习者的合作等。在个人的整个生活中，特别是在一个人的童年和青年期间，个人无意识地发展自己是一个学习者的概念。基于此，个人制订了如何学习的策略。学会学习意味着个人意识到这些概念，并能在它们限制发展时进行调整以适应进一步的发展。

学会学习素养要求学习者对自己想要学习什么以及如何学习负责。大多数学生经历了完全指导性的教育方法，因此，他们可能对教育和培训形成了一种"消费"的态度，这种态度与基于学会学习的教育方法相冲突。

学会学习素养促进"有意学习"的获得。有意识的学习意味着学习者具有新的动机感和选择感，其涉及自我意识、自主权和责任感。布莱克等学者不愿意将学会学习的概念简化为个人品质或一系列策略。他们认为，不可能将学会学习与学习本身的过程分开，而是将重点放在包含个人内部和个人间过程的"学习实践"上。同样，伯雷特和斯卡达·玛丽亚认为，有意义的学习不仅仅是学习技能和策略的获得，而是需要实践来激发学习者对自己的学习负责。这要求学生有动力学习，有意识地将自己和他人视为学习者，并规范自己的学习。

三、学会学习的特点

（一）主体性

学会学习是建立在学习者是学习的主体这一认识基础上的，其特点是个体作为学习活动的承担者，自身认识到学习的意义，在学习活动过程中有目的、有计划地进行自我管理、自我激励、自我控制，进而积极主动地投入学习。学会学习强调培养学习者的主体意识和主体潜能，充分发挥学习者在学习过程中的自觉性、主动性、选择性、独立性、创造性和责任感，使其成为真正的学习主体，进而成为社会生活和社会实践的主体。

（二）延展性

"学会学习"在时间和空间上都具有一定的延展性。空间延展性体现于，学生学习的场所已不限于课堂、学校，还可以延展到社区、家庭、社会等。时间延展性体现于终身学习这一概念上，终身学习在一定程度上是指学生不仅要学习课堂上教师所教授的学科知识，同时还要学习日后在社会上工作、生活所需要具备的各种知识，这就需要坚持不断地学习。

（三）整合性

我们要把"学会学习"当作一个整体来看待，不能分割，原因在于"学会学习"是一个较复杂的整体结构。对于学习者来说，它是人们身体各个部分的整合，包括人类的认知、情感、态度、想法等多种非智力因素。我们要把它看成一个内化的过程，它是学习者身体、心理、情感、情境等共同互动、内化的过程。

（四）持续性

学习的目的是促进人的成长，实现人生的价值；而人永远不会变成一个成人，他的生存是一个无止境的完善过程和学习过程。人和其他生物的不同点主要就在于他的未完成性。事实上，他必须从他的环境中不断地学习那些自然和本能所没有赋予他的生存技术。为了求生存和求发展，他不得不继续学习。学会学习是一种"终身学习"的学习理念，倡导学习的持续性，学无止境。随着信息时代的到来和科学技术的迅猛发展，学习已经冲破了学校教育的牢笼，从家庭教育、学前教育到正规学校教育，再扩展到各种继续教育与在职培训，以及工作中的组织学习、团队学习；学习方式也由传统读书练习扩展到数字化、网络化，再到"泛在学习"，学习不再受到时间和空间的限制，成为人们生活的一部分。

（五）建构性

建构学者认为，学习是一个自我建构而非被动接受的过程，心理学上强调的同化和顺应就来源于这个过程。当然，在新时代，学习者不仅要基于以往的知识和经验建构知识，而且还要在多样化情境中建构知识。

（六）价值性

"学会学习"是具有价值性的，它不仅致力于充分发挥每个人的学习潜能，也借助于个人的一些智力因素和非智力因素对社会和他人产生影响。

（七）复杂性

学会学习是建立在复杂性科学认知基础上的，是由认知、情感、社会文化等多种因素组成的复杂系统，是"学"和"习"、"记"和"忆"、"知"与"行"、"客观知识"与"情感世界"的有机结合，是学习者在特定情境中智力因素和非智力因素、显性知识和隐性知识的整合。学习不只是客观接受，更是一种主观体验，它强调了学习活动是由记忆、理解、应用等低阶思维向分析、评价、创造等高阶思维的发展，学习不是简单的知识积累，更应该是与具体情境相适应的问题解决过程。

学习要面向生活、面向实践，只有"学思结合""活学活用""学中做""做中学"，才能把握抽象知识在具体实践运用中的"度"，才能有效地将知识转化为智慧，并形成综合素养。

四、核心素养背景下对学会学习的关注点

（一）要注意策略选用的匹配性与适切性

不同的学习任务、学习内容与学习要求，都有与之相匹配的学习策略，没有哪一种学习策略是万能的，能够适合所有的学习内容和学习要求；另外，不同学段的学习个体，由于在个性以及知识结构等方面存在诸多差异，因此，适合不同学段、不同学习个体的学习策略也会有所不同。开展学习策略指导，必须让学生学会根据不同的学习内容、学习要求和学习任务以及自己的个性特点选择与之最匹配的、最有效的学习策略，开展个性化的有效学习活动。

注意策略选用的匹配性与适切性，还要关注以下两个问题：一是不同策略可能对目标达成有不同作用，如理解、领会策略对目标达成有直接作用，而注意策略则对目标达成有间接作用。二是不同策略使用的范围也往往不同，例如，SQ3R（概览、提问、细读、复述、复习五环节）几乎可以用于一切阅读材料，而有些策略只能用于少数学习材料。

（二）要充分考虑学生已有的经验和实际能力

学习策略指导与一般的知识学习指导一样，也必须考虑学生的接受能力。适合大部分学生的学习策略，未必为某些特殊学习者（如学习困难学生）所能接受和掌握。所以，教师设计学习策略指导时要选取最适合自己的、学生能够接受和掌握的那些策略，或者对学生所采用的策略进行适当的修正，使之符合特定学生的特点。

（三）要遵循知识与技能学习的一般规律

学习策略指导作为一项知识和技能的教学，与其他知识与技能的学习指导一

样，都应遵循学生的学习认知规律。在设计学习策略教学时，需要注意的是一次只教少量的学习策略，并要注意由易到难、循序渐进；要让学生在学习体验中了解和掌握学习策略；运用学习策略的相关练习不宜太密集。

除此以外，在学习策略指导中，还要注意运用"融入性原则"和"情境性原则"。融入性原则是指要把学习策略渗透到学生学习的各个环节中去，而不是单独占用时间分别进行；情境性原则是指在与学习策略培养相关的教学设计中，应当充分注意教学情境的特殊性。

五、学会学习对教师教学的影响

（一）学会学习对教师教学观的重塑

教学观是指教师对教学的本质和过程的基本看法。研究表明，教师的教学观一经形成，就会在他们的头脑中形成一个框架，影响他们对教学过程的具体事物和现象的看法以及在教学中的决策和实际表现，进而影响到学生的学习。与传统教学的传授知识、应付考试型的教学观不同，学会学习核心素养是一种以面向人的生活世界的实践活动为旨趣的生成性教学观。

第一，教师要在教学过程中相信学生，观察、发现、启迪学生的优点、特长，倾听、引导、关怀学生的学习兴趣，促进、鼓励学生端正学习态度；第二，教师教学不再是单纯地关注学生的考试成绩，而是注重培养学生积极的学习态度、良好的学习习惯，使其获得能够适应未来工作、生活需要的知识、技能、能力和综合素养。教育是"立德树人"的过程，培养学生积极健康的人格特质、乐观开放的处世态度、务实创新的创业精神，与获得学科知识共同构成教育的目的。

（二）学会学习对教师角色的重塑

学会学习核心素养要求教师把自身定位于学生学习的设计者、咨询者、参与者、合作者、促进者等新角色。

首先，教师要能够适应信息技术、移动通信等现代教育技术发展的需要，根据教学环境、学习者特征、自身教学经验成为课程教学的设计者，不断优化教学目标、教学资源、教学形式，把传统讲述式的面对面教学和现代移动网络学习优势进行有效的结合，积极推进混合式学习，实现从"接受式学习"到"主动式学习""传授范式"，再到"学习范式"的转变，让学生先学，教师根据学生的问题进行答疑解惑，从而使学生"乐学""善学""会学"。

其次，多元化的学习方式要求教师从传统教学的知识权威者、课堂统治者向平等交流、协商对话、交往互动、共同发展的新型师生关系发展，教师要成为学生学习的咨询者、参与者、合作者。

最后，在学生的成长性教育层面，教师角色应该从规则的制订者、执行者转变为共同参与学习规则的参与者、学生学习活动的组织者、良好习惯形成的模范者，通过个人修养、人格魅力成为学生成长的"标杆"。

（三）学会学习促进教师教学方式的转变

以学会学习核心素养为教学的价值取向需要教师教学方式的转变，即教师的教学不再是简单地把现成的知识传授给学生，而是更应该注重把学习的方法教给学生，培养学生自主学习的能力。在实际教学中，学生的学习方式究竟能不能发生应有的转变，取决于教师怎样引导、怎样帮助，也可以说，学生学习方式的转变以教师教学方式的转变为前提。

与传统教学"听讲—背诵—练习"的被动式接受的学习方式不同，学会学习是学生求知与求能的结合，倡导教学要向能够激发学生主动参与、勤于动手、乐于探究的自主学习、合作学习和探究学习等学习方式转变。这些学习方式要求教师能够提供更多讨论和交流的机会，使学生参与教学过程，以项目教学、任务教学、合作教学等教学方式使学生参与课程教学及学习过程，培养其搜集和处理信息的能力、获取新知识的能力、分析和解决问题的能力以及交流与合作的能力。

第三节　开展对深度学习的探索

一、深度学习概述

（一）深度学习的定义

1. 深度学习是行为层面的协同联结

学习是建立网络的过程，焦耳当等人从认知科学的角度出发，提出了相似观点，认为学习在于形成相互关联的概念体系，反对为学习者提供割裂的知识碎片，他认为这不仅会造成认知负荷，影响学习者对信息的注意和提取，同时会影响其对新问题处理的成效，导致学习的失败。在此，不论是西蒙斯提倡的"网络建立过程"还是焦耳当等人主张的"关联概念体系形成",都认可"联通"的学习观点,即通过外部社会网络与内部神经(认知)网络的建立与连接,将分布于不同环境下的知识与信息内化,形成基于自我理解的个人观点与结构,并在共同的社会化学习与交流经验中主动将心智结构中的知识表达或外化出来,以实现群体智慧分享的目的。

实际上,深度学习一方面是概念之间的联结,另一方面是通过创造性反思或基于实践的问题性知识构建支持信息与历史协调与整合的框架,以真正使"个人"和"组织"在共同的螺旋和动态的循环中获得整合并保持与时俱进。

2.深度学习是认知层面的概念转变

在学习科学作为一门新科学的发展过程中,其就"人是如何学习的"这一议题的研究为学界提供了诸多关于学习的新观点,"将教育革新的战略视角由'教'转移到人的真实学习上,在迭新学习概念的基础上,通过对传统教育的概念重构与范式反思,构建一种能最大限度地发掘学生学习潜力的、全新的教育范型"。"深度学习"不仅与"理解性学习""问题解决学习"等共同作为学习科学研究的重要议题,同时更是学习科学的终极目标。而深度学习的结果,从认知的角度来讲,是旨在解决认知冲突、推进迷思概念向科学概念更新的概念转变。

因此,基于学习者的先前概念展开学习、在考虑学习者已有知识背景的基础上设计教学将会在更高水平上推进深度学习,帮助学习者有技巧地、较为安全地掌握和积累专家知识,修正或丰富自己的概念体系,从而促进认知进步,推进高层次目标的达成和创意学习成果的生成,也正如梅耶所说:"概念转变是有意义学习的内在机制,是深度学习的目标与结果"。

3.深度学习是情感层面的沉浸体验

科鲁兹·伊利雷斯强调"如果要理解人类学习的整体复杂性,就需要将各种资源纳入我们的视野之中"。深度学习不仅是行为、认知方面的生长与完善,同时也是情绪情感层次上的体验与获得。美国心理学家罗杰斯认为,在学习的任何阶段,学生的认知投入与情感体验始终是一致的并且交织在一起的。梅耶基于对学习者学习成效和情绪关系的研究提出了畅游理论,并认为学习者对学习任务的投入程度与学习效果呈正相关,即当学习者全身心投入自己的学习中时,会自然而然地沉浸、畅游于学习任务中,感受不到学习的疲惫感和挫败感,这时的学习效果最好,因为学习是一次顺畅的体验。在此,畅游本身并不是一个绝对的状态,"它是一种客观环境中的主观体验,个人的内部因素起着决定性的作用"。故"畅游"也可以通俗地被看作一种学习者的内在动机,它不仅是促使学生进入学习的有效助推,同时也是支持学生付出努力和时间的关键,"当学习者受内部动机驱动参与课堂活动时,他们会表现出对学习课堂知识的渴望,对解决指定任务也表现出十足的意愿,同时也更有可能选择恰当的有效策略进行信息加工,从而更出色地完成任务"。

可以说,内在动机使学习者能够更容易沉浸于学习的参与与体验过程中,这将在很大程度上帮助学习者实现丰富的、综合的"平面式"知识的积累,同时也利于促进其深度的"垂直式"思考,从而带来更高水平和多层次的思维体验,而高水平和多层次的学习体验不仅是深度学习的关键思维结果,更是深度学习情感体验的重要特征之一。

(二)深度学习的发展

最早的深度学习结构是1980年福岛邦彦提出的新认知机。新认知机使用了卷积神经网络进行无监督学习训练,后来许多研究者在无监督领域试图加入人工神经网络,但是由于各种原因,该尝试并未成功,人们认为是梯度消失的问题。

1992年,尤尔根·施密德胡伯提出使用无监督学习的方法对模型进行分层训练,再使用反向传播微调将每一层的学习结果向下一层反馈,梯度消失的问题难以解决,深度学习发展陷入困境。直到2006年深度学习才再次进入大众视野,这是因为机器学习领域的泰斗辛顿在《科学》上发表了一篇关于深度学习的文章,深度学习才再次蓬勃发展起来,逐渐有了各种网络模型。随着技术的不断进步,基于词向量技术的出现,深度学习在自然语言处理领域迅速得到推广和应用。如今的深度学习在图像识别、语音识别、文本分类、信息抽取等自然语言处理方面的准确率逐渐提高。

(三)深度学习的常用神经网络

深度学习是由多个神经网络模型组合构成的,这些神经网络包含了输入层、神经元和输出层,每一层次的网络都有不同的功能,负责不同的任务,其中包含的权值能够连接各层。人们经常使用的神经网络有以下几种。

1. 深度神经网络

深度神经网络具有两层以上的网络,能够通过不断增加层数来储存更多的参数,使得模型更加精准。训练模型的过程中,该网络中的上一层将训练好的数据传递给下一层,这样接力传递数据进行逐层训练。

2.循环神经网络

循环神经网络是自然语言处理中比较常用的网络模型,可以处理带有序列特征的数据。它使深度学习模型在自然语言处理中获得了一定的成果,它是一类具有短期记忆能力的神经网络,适合用于处理视频、语音、文本等与时序相关的问题。它包含输入、隐层和输出,其中隐层是进行循环的基础,且层级较高的隐层不会向较低的隐层传播。在命名实体识别中,神经网络是使用最为频繁的,其中基于双向长短时记忆神经网络的实体识别模型,就是其中的一种。

3.卷积神经网络

卷积神经网络是一个多层神经网络,主要包括卷积、激活、池化三种结构,经常被用来处理图像数据,进行图像识别。例如,现在热门的垃圾分类图像识别中,主要就是运用卷积神经网络实现的,它可以对输入的图像进行分类处理,将输入的图像数据进行卷积,引入非线性激活函数,最后进行池化,也可以说降低图像的分辨率。卷积神经网络通过感受野和权值共享来减少参数的个数,从而降低训练模型的训练成本。

二、深度学习的特征

(一)强调自主参与

与浅层学习者为完成任务而消极被动地接受知识不同,深度学习者是主动积极地参与到学习活动中的。由内部动机而产生的具有自主性与积极性的学习,是学习者主动获取知识、汲取知识的学习。当学习者在学习中遇到疑惑或困难时,他不会轻易放弃,而是会继续深入挖掘知识,力图找到解决疑惑的办法,使自己对知识的掌握更加透彻。这种积极自主参与学习活动的意志是学生进行深度学习的关键。心理学有项研究发现,学习者只通过"读"或只通过"听"所能记住的信息往往不超过完整信息的26%,只通过"看"这一途径所记住的信息往往也只有30%左右,其效果不如"看"和"听"相结合的记忆方式深刻,而通过"说"和"做"所能记住的信息量高达90%,远远高于前面所提到的各种学习方式。可见,通过亲身体验、积极参与所获得的信息往往记忆会更深刻。

因此,深度学习提倡学习者的积极主动参与,学习者自主积极参与到学习活动中,主动对知识进行深入挖掘、理解和感悟,而不是将其视为一种任务、负担,那么学习者将在潜移默化中形成自己的知识体系。学习者对知识的积极性和主动性往往决定了学习者本身的学习状态、效果和质量,因此,深度学习十分强调学习者的自主参与。

(二)注重批判理解

深度学习是基于理解的一种学习,这就决定了学习者不可能一味地接收教师灌输的知识,也不会不加思考地遵从教材所呈现的内容。深度学习要求学习者面对一切事物时始终要持有怀疑、批判的态度,对面前的复杂信息批判看待、深入思考,筛选出对自己有用的信息,再深度理解信息的内涵。布鲁纳曾说:"任何课程的主题都应该由发展学生的基本理解能力而确定。"

可见,深度学习最终也是为了促进学生理解力的发展。理解不仅是学生内化知识的关键环节,而且是学生发展能力的前提条件;理解不仅是学生提升品质的重要途径,而且是学生获得意义的根本机制。

因此,深度学习强调学习者在学习时必须先理解整体性知识,在理解的基础上对知识质疑辨析、深入思考,批判性理解深层知识和复杂概念,并将其纳入自己的知识结构中。

(三)促进整合建构

深度学习所涉及的知识不局限于当前所接受的内容,而需要将先前知识与新知识结合在一起进行整合,使新知识与旧知识建立起一定的联系,经过同化、顺应融入学习者的认知结构中,形成系统而非零散的知识体系,以加深对知识的理解,便于后期知识的记忆与提取。

当然,深度学习中整合建构的对象不只是指新旧知识的整合,还包括学科之间知识的整合。学科间的知识其实并没有明确的界限,反而是相通的,通过多学科知识的有机整合有时可能获得更好的学习效果。当学习者批判性理解教师传授的知识和教材上的知识后,能有机整合新旧知识和学科间知识,并形成系统完整的知识结构时,学习者便能将所获取的知识长期保存于自己的头脑中了。这种学习方式有助于培养学生的思维能力和创新能力,提高学生的素养。

(四)着意迁移应用

学习最终就是为了学以致用,将所学的知识与技能运用于实践才是教育要实现的目标。深度学习要求学习者不仅要主动参与学习活动,在批判性理解知识的基础上对信息深度加工,进行重组和建构,而且还要对知识的本质内涵和情境进行深入理解，使学习者在实际生活中遇到复杂问题时能有效利用所学知识来解决问题，这就是深度学习的迁移与应用。"迁移"是经验的扩展与提升，"应用"是将内化的知识外显化、操作化的过程，也是将间接经验直接化、将符号转为实体、从抽象到具体的过程，是知识活化的标志，也是学生学习成果的体现。

在深度学习中，学习者对某一情境下所学习到的知识不是死记硬背，不是简单地重复和记忆，而是将其迁移到其他相类似的情境中，根据具体情况举一反三、触类旁通，应用已掌握的原理和方法来解决新的复杂的问题。可见，能否有效迁移和应用知识是判断学习者是否学会深度学习的重要因素。

（五）旨在培养全面发展的人

深度学习绝不单指在批判性理解知识的基础上重新建构知识、迁移与应用知识的学习方式，它还包括深度学习的最终任务，即培养全面发展的人。深度学习作为浅层学习的对立面而存在时，它指向学习者能力层面的发展，旨在通过深度学习使学习者掌握学习知识的方式，在此过程中培养学习者的思维能力、创新能力、迁移与应用能力、解决问题的能力和自主合作意识等。但深度学习如果仅局限于此，将缺少其内在隐含的教育性和价值。

因此，我们说深度学习的最终任务是培养德智体美劳全面发展的人，是培养具有核心素养的人。当学生将冷冰冰的知识学习与人类社会生活相结合，懂得对知识进行价值判断，利用知识来创造美好的生活，那么知识学习过程就是有温度的。这也是深度学习的追求。

三、深度学习的理论基础

深度学习作为当前教育研究的热点之一，它的提出并非凭空而来，而是有着广泛的理论基础。这些理论为深度学习在教学中的运用提供了科学的指南，促进了教师的教学质量和学生学习效果的提高。

（一）建构主义学习理论

建构主义理论认为，"学习不只是由教师向学生传递知识，而是学习者在原有知识经验的基础上，在一定的社会文化环境中，主动对新信息进行加工处理，建构知识的意义（或知识表征）的过程"。

在建构主义理论指导下，深度学习强调学习者对知识的同化与顺应，即在学习过程中要将新知识与旧知识联系起来，建构新的知识体系，并纳入自己的认知结构中；当新知识与已有的认知结构存在不一致时，学习者则须不断调整自身的认知结构，最终形成某项技能。深度学习在一定程度上也表达了对学习者整合和加工新旧知识、多层次多角度理解和学习知识、重新建构自己知识结构的要求，这与建构主义者的观点有共通之处。

此外，建构主义者主张学习不仅需要内部条件（学习者自身的能力和知识），而且还需要外部条件（一般指学习环境），通过在复杂的环境和具体的问题情境中来理解复杂知识，建构新的知识意义。同样，深度学习也大多产生于复杂的情境中，而合理情境的创设则有助于学习者对知识的深度学习与理解。

（二）情境认知学习理论

情境认知学习理论于20世纪80年代被正式提出，该理论认为学习并不只在于获取知识，更关键的是要将自己放置于某一具体的情境中，通过参与实践来获得知识并对其重新建构，并且利用它来解决问题，这才是学习的重要环节。在情境认知者看来，知识和实践是相互的，并不只是被当作个人心理的内在体验，而是个人、社会乃至物理情境之间相互交流的产物，知识是在真实情境中才能被赋予意义的。

因此，只有将知识学习与具体真实的情境结合起来才能产生有意义的学习。可见，情境认知理论强调学习者学习与情境的融合，注重引导学习者将所学知识运用于具体的情境中，为问题的解决创造条件。在一定程度上，该观点与深度学习的特征相符合。深度学习本身就是基于情境的学习，学习者进行深度学习的最终目的正是利用所学知识来解决真实情境中的复杂问题，这就决定了学习者必须整合新旧知识和个人经验，将知识迁移到相似情境中，以此促使问题的解决，由此可见，情境认知理论作为一种促使知识向真实情境迁移的重要理论，是学习者实现深度学习的重要依据，为深度学习的发展提供了科学指导。

（三）元认知理论

弗莱维尔于1970年首次提出元认知这一概念，并对其概念进行界定。他认为，元认知是认知主体对自身的心理状态、能力、任务目标、认知策略等方面的认识，同时也是认知主体对自身各种认知活动的计划、监控和调节。

由此可知，元认知理论者强调学习者对自己认知的认知，即学习者对自身学习状态、能力、学习目标等信息的认知，察觉自己的不足与优势，之后再采取措施对自身进行调节，从而促进自身的成长。

简单来说，元认知就是我们常说的"反思"，并在反思后有所行动，而深度学习又与元认知有着密切的关系。深度学习要求学习者多角度理解知识的深层内涵，有时理解的内容可能有失偏颇，这就需要学习者运用元认知知识和相应策略来加以监控和调节，发现学习过程中的问题并及时修正，在这一过程中不断加深对知识的理解，慢慢掌握知识的本质，建构相关知识意义，以解决在社会实践中遇到的难题。在这一过程中，学习者不仅能够学会反思、提高反思能力，而且还能够在一次次的反思中不断提高自己的能力，从而取得更好的学习效果。

四、核心素养视域下对深度学习的探索

（一）引导学生在学习过程中体验对学习的"爱之深与乐之深"

只有主动快乐的学习才能将知识转化为生命中的素养。深度学习就意味着学习者对学习有着如饥似渴的探求欲望，在学习过程中保持如痴如醉的情绪状态，对知识奥秘的求索充满着"乐此不疲，欲罢不能"的兴趣。正如斯宾塞所言，兴趣是求知和学习最大的动力。这不单是一种方法，而且包含着人类获得知识的智慧而古老的法则。

（二）引导学生在学习过程中的"知之深与思之深"

深度学习不是引导学生探寻深不可测、深奥的意义与价值，而是引导学生深入地思考，不求艰深难懂，但求深思熟虑。赞科夫在《和教师的谈话》中提出，"儿童的智力也像肌肉一样，如果不给以适当的负担，加以锻炼，它就会萎缩、退化"。教学要为儿童的精神成长提供足够的"食粮"，不要使它"营养不良"。深度学习就是要引导学生的思维走向深度、深刻与深层的智慧的运动。

（三）引导学生持之以恒地学习与研究

深度学习的"深"，还应体现在长时间乃至一生坚持不懈地学习上。教育教学及学习的影响力是年长日久、日积月累的，它不可能一朝一夕就奏效。

任何有深度、有创见的思想与发现，都需要不断地思考。深度学习必须经历一定的时间长度，而不是短平快式的"快餐"。深度学习必然要经过千曲百折、寻寻觅觅的过程，这一过程中的迷茫、困顿、艰辛、豁然、欣悦、欢呼、开悟都是深刻体验带来的成果。

第六章　基于核心素养培育的课堂教学评价

核心素养理念是课堂教学评价革新的理论依据，课堂教学评价作为课堂教学的导向标杆，有利于"唤醒"学生学习的内在动力。基于此，本章分为定位性评价、形成性评价、诊断性评价、总结性评价、激励性评价、发展性评价六部分。

第一节　定位性评价

一、定位性评价的概念

定位性评价又称安置性评价、预备性评价，主要是在特定的教学活动之前进行评价，判定学生的前期准备。它要解决的问题是学生是否已掌握了预定的教学活动所必需的知识与技能、在多大程度上可以达到预设的教学目标，等等。

二、核心素养视域下定位性评价的策略

（一）了解学情

在教学中，学生是有差异的，教师要了解的正是这种差异。兵法书上说"知己知彼，百战不殆"，这句话在教学中同样适用。教师只有了解学情，才能做出正确的判断，做到因材施教。在教学中我们了解学情的常用方法有以下几种。

1. 教学中观察

在教学过程中，学生的一举一动都反映了学情，教师经过观察（不一定是一堂课，有时候是几堂课）可了解到学生在学习中，对哪些地方感兴趣，采用哪种

学习方式更有效，已经掌握了哪些内容，在哪些地方还有所欠缺，便于教师根据学生的反映及时调整自己的教学策略。

2. 课外观察

在课间观察学生的言行及活动，从中能了解学生的兴趣爱好、脾气秉性，便于投其所好。比如，有些学习困难的学生，在游戏中却表现出很好的组织协调能力，我们可以尝试让他管理班级事务，树立他的信心，培养他对学习的兴趣。

3. 作业批改分析

作业不仅是对学生所学知识的巩固、拓展，也能帮助教师分析学生的学习情况。学生是存在差异的，认真批改作业，就能从作业中更加清楚学生在学习过程中的这种差异，为教师合理安排教学内容、因材施教提供依据。

4. 家访

家访也是了解学情的一个很好的途径，学生身上的很多问题都可以在家访中得到答案。当然，家访不能变成上门告状。

5. 和学生直接交谈

这个方法很直接，在交谈中教师可以更深入地了解学生的学习情况，引导学生对自己的学习进行反思、总结自己的优势和不足，还能增进师生间的感情。和学生交谈要注意方式方法，不要搞得很正规、严肃，不然学生会很拘束，谈话也就达不到了解学生的目的了。总之，教师只要心里装着学生，工作中、生活中每一个细节都可以对学生进行了解。

（二）进行分组教学

分组教学可以理解为教师根据课堂教学的需要，在分析教材、了解学情的基础上，结合实际，有针对性、有目的地将学生分成多个小组进行教学的组织形式。分组教学有合作分组、随机分组、同质分组等多种形式，课堂教学中采用何种形式不是固定不变，要结合教材的特点与学生的具体情况进行合理选择。无论采用哪种分组方式，它必须能够有效地调动学生的积极性、发挥分组的有效作用，从而有利于学生的学习。

总之，只要教师深入了解学情，制订符合学生自身特点的分组教学，定位性评价才会取得成功。

第六章 基于核心素养培育的课堂教学评价

第二节 形成性评价

一、形成性评价概述

(一) 形成性评价的概念

1967年，美国教育家和心理学家斯克瑞文在他的《评价的方法论》一书中首次提出了"形成性评价"的概念，并将其应用于课程开发，认为形成性评价就是为了促进教育方案、计划和课程等的形成，在新的教育计划和课程等的编排和试验期间所进行的评价。他认为，形成性评价与终结性评价最大的区别就是对教育评价所获得的信息的看待方式和使用方式不同，通过实施形成性评价所获得的信息可以用来对教学内容的有效性进行判断，帮助教师选择适合学生的教学内容。

1971年，美国著名教育家和心理学家布鲁姆进一步将形成性评价的研究扩展到课堂中去，认为形成性评价是对教学计划和教学方案是否适合学生进行的判断，并指出其中存在哪些弊端，根据形成性评价的结果指导教师的教学活动，以此来提高教育教学活动的质量。1986年布鲁姆到华东师范大学进行演讲，他将形成性评价定义为学生在一个阶段的学习之后，教师对其进行的形成性测验。形成性评价是指为实现教学目标，教师在教学进行了一段时间或是一定程度以后，为检验这期间的教学是否有效，距离教学目标还有多大的差距，并依据评价结果确定下一步的教学目标，并制订教学计划而进行的"中途"评价。通过形成性评价的实施，教师可以了解哪些学生掌握了教师讲授的内容，掌握程度如何，哪些学生仍处于一知半解的阶段，哪些内容学生还没有掌握，对学生未掌握的部分进行针对训练，对掌握程度较好的部分进行强化训练。

我国许多教师都把形成性评价理解为形成性测验，把形成性评价局限于课堂观察和随堂测验。斯克瑞文和布鲁姆认为，能够用来改进教学的评价都可以认为是形成性评价。但随后，美国学者布莱克和威廉认为这样定义形成性评价不够准确，在课堂活动中学生能够积极思考并重视学生的想法，依据学生的想法制订下一步教学计划，这种活泼的双边活动才是形成性的评价活动。美国评价专家赫里蒂奇等人将形成性评价定义为一个事先设计好的教育过程。与之相似的，斯蒂金斯等人也认为形成性评价是指在一个事先设计好的"过程"中教师充当监督者，对学生的学习过程进行监控，并对其学习信息进行收集，以此为依据来调控教学活动，进而帮助学生学习。

综上所述，尽管人们对形成性评价的界定各不相同，但都强调形成性评价是一种过程性评价，具体而言，是具有调节教学能力的评价。它有多种评价方法，评价的内容也较为全面，其要素包括评价方法、评价内容和即时的反馈。形成性评价是为了"学生的学习"而进行的评价，是在教育过程中，通过持续地了解教育活动过程中发生的状况，并对教育活动进行控制，帮助教师及时调整教学，进而提高教育质量，对教育活动进行价值判断，促进学生发展而进行的评价，并非为学生评定等级、分出优劣。教师在教育活动中通过各种方式评价学生的学习过程，依据收集到的信息做出教学决策，以期提高学生的学习能力，发现学生的学习潜力，促进学生的成长。

（二）形成性评价的特点

1. 人文性

形成性评价立足于学生的本性，承认学生的主体地位。每位学生都是独立的个体，有其自身成长的背景和发展的客观条件，存在发展水平上的差异，且每个人都有各自的兴趣和爱好，因此，其发展高度和方向各不相同。在对学生进行评价时，承认并认可学生的个体差异，不能用统一的标准看待学生，对学生的评价要多方面考虑，以培养全面发展的人为基本目标，不能仅看重学生对知识与技能的掌握情况，对学生内心情感、能力与智力的发展更要重视。形成性评价重视学生的自评和同伴间的互评，以学生为评价主体，对学生评价能力的提高十分有益，也可让学生在评价的过程中充分认识自我。以上体现了现代教育及新课程革新的要求，符合核心素养的"以人为本"的育人方针。

2. 多元性

形成性评价的多元性主要表现在评价内容、评价主体、评价标准和评价方法等方面。形成性评价看重学生的全面发展，不仅重视知识与技能的积累，对于学生的内心情感、创新能力与实践能力，甚至是学生的兴趣等都很关注。评价的主体也不再只是教师，对学生的自评和学生间的互评同样重视，以同龄人的视角评价学生，使学生由被动接受转为主动参与，更有利于学生实现自我调控、完善与发展，符合现代教育的宗旨。

形成性评价也倡导家长参与评价，这种以学生和家长的评价补充教师评价的模式，对学生的评价较为全面，对教学质量的提高和学生的健康发展是十分有效

第六章　基于核心素养培育的课堂教学评价

的。形成性评价尊重学生的个体差异和个人特点,不以统一甚至是唯一的标准来衡量学生,有利于学生的个性发展。

3. 过程性和发展性

形成性评价是在教育过程中进行的评价,教师与学生共同对学生的学习过程进行持续的监控,及时发现问题,积极调整教学,促使学生朝着预期的方向健康发展。另外,形成性评价是在教师为学生创设的相对轻松的环境下,学生结合自身的实际情况和教学任务的要求进行学习,再依据各评价主体对其的评价,了解自己的问题所在,及时对自己的学习过程进行修正和改进。形成性评价不仅促进了学生的发展,通过评价反馈,教师也能够有针对性地反思自己的教学过程,这对教师教学能力的提高十分有益。由此可见,形成性评价是一种益师益生的发展性评价。

(三)形成性评价的意义

近年来,形成性评价越来越受到研究者的重视,由于现代教育的要求,过去那种以教师为课堂主导者的教学模式渐渐受到研究者摒弃,转而确立了以学生为"课堂主人"的教学观,学生的主体地位被进一步强化。形成性评价不仅利于学生的学习,而且对教师改进教学也影响巨大。

形成性评价的意义主要有以下两点。

1. 有利于提高学生自主学习的能力

让学生及时调整学习活动,提高学生自主学习的能力。形成性评价把学生的学习内容分为一系列连续阶段的学习单元,明确各个阶段乃至各个单元的学习目标,学生根据学习计划,以自身的实际情况为基点进行学习活动,在教师、同伴和家长的帮助和引导下,向学习目标迈进。同时,评价主体对学生每个阶段和具体学习单元中的情况进行评价,了解学生已达到的水平,知道他们距离学习目标还有多大差距,哪里需要强化,哪里需要纠正。学生依据评价结果调整自己的学习活动,确定下一步的学习计划。

过去的教育模式多是以教师为主体,教师带领学生学习,进行灌输式教育,学生仅是被动地接受教师对知识的传授,学生按部就班,教师要求什么,学生就做什么,缺乏积极主动的态度。新课程革新明确要求教育要立足于学生的发展,形成性评价倡导让学生参与到评价中去,以学生为评价主体,让学生对自己进行评价,重视学生自主学习能力的发展。形成性评价不仅是让教师掌握学生的学习情况,发现学生身上的闪光点,更为重要的是要让学生了解自己,认识到自己的不足之处，针对问题调整学习方法和学习策略，看到自己的进步，让学生意识到自己的努力有了收获，有利于提高学习的积极性、建立自信心，让学生在保持优势与弥补不足的过程中向前发展。

2.有利于促进教师的专业成长

有利于教师调整教学活动，转变观念，促进教师专业成长。教师通过由形成性评价得到的反馈结果，对学生的学习状况进行准确掌握，分析学生的学习过程，发现其中存在的问题，由此判断自己对教学目标的理解是否存在偏差，对教学内容的讲授方式是否恰当等。通过反思和总结，针对出现的问题和不合理之处及时做出调整，转变教学模式，改进教学方法，促进教学的有效进行，提高教学质量。

另外，形成性评价对学生的评价是全方位的，不仅是对知识和技能的掌握，情感和兴趣等方面也是评价的内容。教师在此过程中改变传统的批量生产、注重卷面分数的固定思维模式，满足学生的个性化需求，改教为育，培养符合现代社会需要的全面发展的人才。

二、形成性评价的理论基础

（一）多元智能理论

多元智能理论认为人的智能是多元的，不同的智能处于同等重要的地位。多元智能理论认为人的智能组合各具特色，没有绝对的高智商的人，只有在某一智能领域特别优秀的人。多元智能理论不仅对传统的教育理念造成了极大的挑战，并且深刻影响到教师的学生观、智能观、教育观及评价观。

多元智能理论自20世纪80年代产生以来，在世界范围内先后被一系列国家的教育界所推崇。该理论是由美国当代著名心理学家和教育学家加德纳于1983年在《智能的结构》中首次提出的。最初加德纳把"智能"一词解释为"能够解决问题或者创造出能够被一种或多种文化所看重的产品的能力"。加德纳多年后又更新了智能的内涵，认为智能是能够处理信息的生物潜能，并且在特定的文化教育背景下可以被激发。加德纳对于智能的分类也从一开始的七种发展为后来的九种。

多元智能理论认为每个人都具备九种智能，不同的只是这九种智能之间的强弱组合。多元智能理论承认每个人都有多方面的智力才能，这与我国促进人的全面发展的教育目的不谋而合，多元智能理论也对学生的评价方面产生了重大而深远的影响。

李子华认为以多元智能理论为依据建立的学生观和教育观，将有助于教师更好地理解和实践新课程所倡导的对学生的评价理念。多元智能理论的学生观的内容十分丰富，它强调每个人都有其独特性，没有绝对的"差生"，每个学生都有其擅长的领域。多元智能理论要求教师要善于发现每个学生已经展现出来的智能强项，及时发展智能弱项，长善救失，促进学生学习动机的发展，最终实现学生的全面发展。教师要认识到每个学生都拥有多元的才能，只是有的才能还处于等待被发现和被激发的状态。

多元智能理论评价观要求评价过程全面，形成性评价的目的之一便是了解学生并促进学生的智能发展。以纸笔为媒介的传统终结性评价，通常只能考查学生的逻辑智能和言语智能的水平。终结性评价更侧重于选拔性教育，因此对学生的评价不仅不够全面，而且也不够公平。教师通过使用以调整和改进功能为主的形成性评价，了解学生的多项智能发展现状，针对其发展中存在的问题，提出有针对性的解决措施，促进每个学生的全面发展。

（二）建构主义理论

建构主义理论作为认知心理学派的分支之一，起源于儿童认知发展理论，经过皮亚杰、科尔伯格和维果斯基等教育学家的多次研究后，已经发展成为一种内容丰富的主流教育思想。皮亚杰认为，儿童自身的知识结构是儿童在与周边的环境相互作用的过程中形成的；在这个过程中，儿童逐渐建立起对于外部世界的认识。建构主义的中心任务是创建有利于学生愉快学习的情境。

建构主义者认为，个体以自己的经验为基础来建构和解释客观世界，由于个体之间的经验不同，因此他们对世界的理解也不同。建构主义理论认为评判一节课的质量如何，首先需要关注学生学得如何。

因此，根据建构主义理论的观点，学生积极主动地参与学习是学生获得有效学习的重要保证。教师教学的有效性就在于是否调动了学生的学习积极性，促进了学生对知识主动建构的过程。学生对知识的主动建构主要体现在两个方面：学生参与学习目标的提出或确立；学生在"做"中学。建构主义理论认为，让学习者明确学习目标，是成功完成学习任务的前提。建构主义倡导的现代教学理念，鼓励学生在做中学。

建构主义理论重视过程性评价，重视学生在建构知识的过程中主观能动性的发挥。高质量的过程性评价强调形成性评价与终结性评价相结合，既能考查学生已有的知识水平，又能促进学生对学习的主动性投入。因此，建构主义理论是形成性评价的重要理论基础。

（三）布鲁姆教育目标分类学

1956年，美国著名教育家、心理学家布鲁姆和克莱斯万等人在教育领域里确立了布鲁姆教育目标分类学。克莱斯万认为，布鲁姆教育目标分类学不仅可以作为评价和测量的工具，而且还是对学习目标和教育目标的概括，是制订教学科目的基础，可以依据其来判定教育目标、教育活动以及教学评价间的一致性。布鲁姆把教育目标分为以下三个方面。

1. 认知领域的目标分类

布鲁姆以心理学为理论基础，将认知过程分为六个阶段，这六个具有连续性的阶段为"知识、理解、运用、分析、综合、评价"。

知识是对概念、定义、事实和原理等的反复感知，以此在头脑中形成比较稳定的暂时联系，它是记忆的必要前提。理解则涉及学生理解知识、概念的能力。运用是指将所学的概念、原则、方法等应用于实际的能力。分析是指对概念的剖析，并找到其各组成部分间联系的能力。综合是指将零散的知识、原理、事实等整合成整体的能力。评价是对事实的价值做出判定的能力。

2. 情感领域的目标分类

依据价值内化程度的不同，我们可以将情感领域的目标分为五类，即接受注意、反应、价值评价、组织、价值或价值体系的个性化。

接受是情感目标中最低层次的学习结果，指的是对某种刺激或者现象的感知，继而引起注意并接受。反应是指个体主动参与并给予回应，并在此过程中，获得满足感。价值评价则是指依据一定的价值衡量标准，对某一事物的价值做出判断。这一层次的行为动词为"赏识""态度"等。组织是指对各种价值衡量标准进行分析、比较和关联。价值或价值体系的个性化则是指个体把价值体系内化，融于个体的生活，并依据这一系统行事。

3. 动作技能领域的目标分类

动作技能领域的目标分为七类，包括知觉、心向、指导下的反应、机械练习、复杂的反应、适应、创造。知觉是从事一种动作最实质性的步骤，它是通过感觉器官感知客体、质量或关系的过程。心向是指为了某种特定的行动或经验而做出的预备性调整或准备状态。指导下的反应是形成技能的最初一步，是个体在教师指导下或根据自我评价表现出来的外显的行为动作。机械练习是已成为习惯的反应，在这一层次上，学生对从事某种行动已有了一定的信心。这种反应比前一层次的反应更复杂，它在完成任务过程中也可能包括某种模仿。复杂的反应指能够从事相当复杂的动作。在这一层次上，个体已经掌握了技能，并且能够进行得既稳定而又有效，即花费最少的时间和精力完成这一动作。适应是一种生理上的反应，为使自己的动作活动适合新的问题情境，就必须做出改变。创造指根据在动作技能领域中形成的理解力、能力和技能，创造新的动作行动或操作材料的方式。

布鲁姆教育目标分类学的优点在于它既重视人的理性能力，即知识与技能的发展，又重视人的内心情感的满足。另外，其教育目标分类较为细致，具体到每一层次和每一阶段都有详细的阐述，有利于教师和学生以其为评价内容进行形成性评价。

然而，布鲁姆教育目标分类学把一个完整的目标体系分割成看似独立的各个部分，使得教师在实际教学中难以把握整体目标，不利于调动学生的主观能动性。因此，在实际教学中教师要选择性地利用布鲁姆教育目标分类学，切忌将三维目标分割开来，或仅以知识与技能的培养为主。在教学过程中实施形成性评价，首先要让学生明确学习目标，努力缩小与学习目标之间的差距。

（四）人本主义心理学

在 20 世纪 50 年代和 60 年代，人本主义心理学在美国兴起，学派创立者为美国著名心理学家马斯洛。人本主义心理学的主要观点为人类必须全面发展，包括思想和情感，而不应该仅专注于掌握知识。人本主义心理学派与其他学派的区别在于，它强调人类的本性和价值，而不只关注人类的问题行为；它强调人类的成长和发展，即自我实现。

人本主义学习理论的代表人物是美国心理学家马斯洛和罗杰斯。马斯洛根据动机与需求之间的关系，对人类的需求进行分类。他在层次序列系统中把需求从低到高进行排列，并将人类的需求与动物的本能区分开来，这就是著名的需求层次理论。

人类在自我实现的过程中，发现自身的潜力，满足自身的个性化需求。由于每个人的需要和动机截然不同，因此获得满足的方式和标准就千差万别，正是因为这种"差异"的存在，在具体教学中，对学生的教育和评价就不能用统一的标准，更不能以成人的观念看待学生。

罗杰斯的主要观点：人类与动物的不同之处在于人具有主动发展的意向，即自我实现。教育要立足于人性，激发学生的内在潜能，着眼于学生的现实需求来促进其发展。

罗杰斯认为，环境会促使个体不断成长，在这一过程中个体要挣脱外在力量的控制。其中，环境因素包括教育的作用。罗杰斯提出了"自由学习"和"学生中心"两个重要的观点，主要内容为学生是有意识的独立个体，作为一名教育工作者，教师应该重视学生的个性化特点和独特的思维方式。教师要注意为学生创设有意义的学习氛围，以平等的关系与学生进行真诚和积极的对话，在交流的过程中共同发展，实现师生间的双赢。教学应尽量摆脱固定的教学计划，利用一切可以利用的资源对学生进行个性化训练，并要求不能用成人的观点和角度去要求学生和理解学生的精神世界。

人本主义心理学通过几个方面来审视个体，包括身体、智力、情感和人际关系等。人本主义学习理论是由人本主义心理学发展而来的，人本主义学习理论认为在教育教学中上述因素之间的相互作用对学习以及学习动机有重要影响，要注意关注个体认知水平以及其内在需求，强调学习必须激发个人的原始经验和潜力，追求自我实现。人本主义学习理论倡导以学生为中心的教学活动，引导他们结合个人以往的经验和认知，实现自我肯定。对于学习者而言，有意义的知识应是能够影响个体行为并被个体发现和吸收的知识。

在这一理论的指导下，教师的任务不仅是传授给学生知识，教会学生如何学习，而且还要为学生提供充足的学习资源，注意营造良好的学习氛围，特别是要让学生思考学习的方法。

因此，单靠终结性评价来评判学生是绝对错误的，形成性评价不把分数作为评价的唯一标准，而更多地关注学生在学习过程中表现出来的兴趣、态度、情感和合作精神等，重视学生的主观能动性，以学生为评价主体，让学生主动参与到评价中去，在教师的指导下进行自我评定，逐步提高学生自我评价的能力。

三、核心素养视域下形成性评价的策略

（一）正确认识形成性评价与终结性评价的关系

形成性评价关注的是学习的过程，而终结性评价关注的是学习的结果。一般来说，形成性评价不以区分评价对象的优良程度为目的，不对被评对象进行等级鉴定，而是帮助学生和教师把注意力集中在进一步提高所必需的学习上。形成性评价能较为及时地为教师提供信息反馈，不断改进和优化教学方式，在提高教学质量的同时能诊断学习过程中学生出现的问题，发现薄弱环节，从而调整学习态度、矫正学习习惯、改进学习方法，努力使之达到课程标准所提出的要求。由此可以看到形成性评价的点滴积累是终结性评价取得丰硕成果的重要基础。

第六章　基于核心素养培育的课堂教学评价

（二）充分发挥学生在形成性评价中的主体作用

在以往的评价模式中，评价主体往往是教师，学生则处于被评价的地位。核心素养视域下的课堂教学革新更加强调学生的自主学习，在学习评价方面更加强调评价主体的多元化（评价主体可以是教师、学生、家长以及其他相关人员），主要是确认学生作为评价主体的一种趋势，也就是说，学生需要进行自我评价和合作评价。强调学生作为评价主体是评价革新中的一个重要问题。

（三）做好形成性评价任务设计

评价设计先于教学设计，评价任务的设计先于教学活动的设计。做好形成性评价任务设计是成功实施形成性评价的关键。在学科教学中，评价任务要围绕每一节课、每一教学模块的课程目标进行设计。其实，形成性评价在以往的教学过程中都出现过，只是对学生的针对性和对课程目标的适合性不十分凸显和清楚。设计形成性评价任务时需要注意以下几个方面。

1. 评价目标立足于学科课程标准和核心素养的要求

评价目标要立足于学科课程标准和核心素养的要求。虽然形成性评价对学习过程有全方位的关注，但实际上还是属于目标取向。评价是对一个较小时间阶段或者较独立教学环节的学习效果与教育教学目标的一致程度而言的，因此评价的目标要符合学科课程标准和学科核心素养的要求。在学科课程标准和学科核心素养中，为了突出学习评价的整体性和综合性，就要从知识与能力、过程与方法、情感态度与价值观等方面进行评价。因此，形成性评价要将基础性发展目标融入学科学习目标，并将学科的三维目标整合在评价过程中。虽然各个方面、各个领域的评价在具体目标上有所侧重，但任何一种形式的评价、任何一项评价活动，都要综合考虑学生核心素养这个整体目标。

2. 评价标准关注学生个体差异

评价标准要关注学生个体差异，要实行差异性学习评价，允许"多次评价，先后达标"。评价标准要根据多元智能理论，关注学生之间的差异和学生内部发展的不均衡性，使评价体现学生发展的独特性，使每一个学生都能发现自己的优势，在不同的方面体验到学习的成功，并通过优势智能的发展带动其他智能的发展。

3. 评价功能侧重改进与激励

评价功能要侧重改进与激励。新课程倡导的学生评价要求淡化评价的甄别与选拔功能，突出评价的反馈调节与激励成功的功能。新课标指出，对学生的日常表现，应以鼓励、表扬等积极的评价为主，采用激励性的评语，尽量从正面加以引导。当然，强调鼓励和表扬，并不意味着不能批评，只是要注意批评的出发点、角度、方法和策略，让学生容易接受，保护好他们的自尊心和自信心。

4. 评价内容突出重点、抓住关键

评价内容要突出重点、抓住关键。形成性评价的范围广、机会多，课堂教学过程中师生随时进行的问答和检查，每天的作业，学生的自我观察和教师、同伴的观察等，都属于形成性评价的范畴。我们要着重研究的是，哪些是对提高学生的学科核心素养起关键作用的因素，应该怎样通过有效的评价方式，促进学生在这些方面的发展，这些因素是分项评价还是整合之后在活动中进行评价，等等。

5. 评价方式简便易行

评价方式要简便易行。评价工具要简明扼要，评价周期不能过短（当然也不能过长），评价活动要便于组织。布置评价任务时，要把学生、教师和家长的负担控制在合理的程度。

6. 评价主体多元互动

评价主体要多元互动。学习是学生主动自我建构的过程，评价必须适应和促进这种学习模式的形成。学生需要利用评价来了解自己的进步，发现自己的不足，监控自己的发展，并在这个过程中养成自我反思的习惯，提高自我认识的能力。形成性评价要以自我评价为主，使其成为学生自主学习的一个组成部分。同时，要加强教师、学生、家长之间的多向交往互动，加强合作、沟通、协商、交流。尤其要加强师生之间的互动，因为教师在影响学生和教育学生方面具有特殊的地位和作用，学生有进步需要得到教师的鼓励，学生有烦恼希望得到教师的理解，学生的不良行为习惯也需要在和教师的多次互动中不断调节才能完全转变。

第三节　诊断性评价

一、诊断性评价的概念

美国教育家、心理学家布鲁姆在1976年首次提出诊断性评价这一概念，诊断性评价通常也可以叫作教学性评价、前置评价、准备性评价，旨在预测学生的状况，包括学生的知识掌握状况、学生的技能状况和学生的情感状况。教师只有全面地了解学生，才能知道学生是否具备完成教学目标的条件。

第六章 基于核心素养培育的课堂教学评价

"诊断"一词是从医学上借用过来的，指的是在实际案例的临床分析中判断出症结所在，以便对症下药。在教学中也是一样，要想取得一定的教学效果，就得准确诊断出学生所存在的问题和缺点，否则，就无法进行下一步的有效教学活动。根据这种必要的诊断可以清楚地掌握学生的知识储备，可以方便教师因材施教。

在目前的研究中，大部分学者认为教师应在学年或学期、课程研制或课堂教学开始之前应用诊断性评价，事实上，这是对诊断性评价的误解，将诊断性评价中的"教学活动"理解得过于狭隘，从而使诊断性评价的使用受到了局限。事实上，诊断性评价不仅可以用于教学活动开始之前，还可以用于教学活动开展的过程之中。只要在教学活动的环节中察觉学生在学习过程中存在的困难，就应当选择某种方法来诊断可能存在的问题。诊断性评价旨在呈现出学生在学习过程、学习结果中的问题，并分析问题出现的原因，进而通过分析出的结果改进并适当调节教学方法。

诊断性评价具有诊断性、集中性、适中性、持续性的特点，下面分别进行介绍。

诊断性又具有探测性和追踪性两方面的特性。诊断性是指诊断性评价会明确地探测出学生在学习上存在的一些问题、困难和缺陷，并且能够诊断出这些学生存在的问题和缺陷有多少、有多严重。

集中性是指诊断性评价旨在集中诊断某一特定的知识内容，具有针对性。

适中性指的是诊断测验的难度要适中，试题要设置三个层次的难度：简单题、中等题和拔高题。

持续性指的是要有计划地、逐步地、不匆忙地完成测验，因为要满足诊断性、适中性和集中性测验的题量比较大，所以不能操之过急，要逐步测验。

二、诊断性评价的功能

诊断性评价的功能在于其可以让教师足够了解自己所教的学生，了解学生对已有知识的掌握情况，以及学生的学习特点。诊断性评价在教学过程中主要有以下三点功能。

（一）为教师设计和组织教学提供依据

教师以学生的认知特点和学习特点为基础，设计适合学生的诊断性评价。在日常教学过程中应用系统的诊断性评价能够方便教师了解学生的知识储备和基础状态，深度地了解学生才可以教好学生，才能设计出更合理、更完善的教学计划。

（二）及时补救学生个体的学习困难问题

帮助学生及时解决学习困难，及时补救。诊断性评价的应用能够帮助学生自查学习状况，自我诊断是否具备学习新内容的知识储备、是否学会了新的教学内容等。诊断性评价可以诊断出学生的学习情况，进而帮助学生解决学习困难，及时补救问题。

（三）集体补救学生的普遍性问题

对教学过程中大多数学生出现的普遍性问题，进行集体补救。在日常的教学过程中，通常会出现大部分学生对同一问题存在学习困难的现象，教师采用诊断性评价能够诊断出大部分学生普遍存在的学习困难有哪些，是什么让大部分学生在同一问题上出现理解偏差，以便及时采取补救措施。

三、核心素养视域下诊断性评价的策略

在教学过程中进行的诊断性评价，主要是用来确定学生学习中的困难及其成因的，这对于促进学生的主动发展有着积极的现实意义。核心素养视域下诊断性评价的策略有以下三种：

（一）诊断解题思路

对于教师而言，诊断性评价最主要的价值在于提升教师自我反思的意识和能力，并发现传统教学观念在自己教学行为中的表现，思考新教学理念如何才能转化为自己的教学实践。

（二）诊断学习习惯

学生学习习惯的养成对于教学效果而言是至关重要的。教育家叶圣陶指出："教育就是培养习惯。"但是习惯也有好坏之分，随着学生学习的增长，习惯也以各种不同的方式呈现，有些是显性的，而有些则需要我们留心辨析。

（三）诊断做题流程

学生学习过程中出现的错误是复杂、多变的，而且往往具有隐蔽性，为此，教师更应该关注学生学习过程中的心理因素，引导学生主动寻找原因，发现问题，解决问题，促进学生的健康发展。

第四节 总结性评价

一、总结性评价的概念

总结性评价又称终结性评价、事后评价，一般是在教学活动告一段落后，为了解教学活动的最终效果而进行的评价。学期末或学年末进行的各科考试、考核都属于这种评价，其目的是检验学生的学业是否最终达到了各科教学目标的要求。总结性评价重视的是结果，借以对被评价者做出全面鉴定，区分出等级，并对整个教学活动的效果做出评定。总结性评价的首要目的是给学生评定成绩，并且能够提供关于某个教学方案是否有效的证明。

二、总结性评价的特点

总结性评价的目的是对学生在某门课程或其某个重要部分上所取得的较大成果进行全面的确定，以便对学生的成绩予以评定或为安置学生提供依据。

总结性评价着眼于学生对某门课程或整个内容的掌握，注重测量学生达到该课程教学目标的程度。因此，总结性评价的次数不多，一般是一学期或一学年两三次。期中、期末考查或考试及毕业会考等均属此类。

总结性评价的概括性水平一般较高，考试或测验内容包括的范围较广，且每个题目都包括了许多构成该课题的基本知识、技能和能力。

三、核心素养视域下总结性评价的策略

（一）要及时

人类遗忘的规律通常为先快后慢，而学生在短短40分钟内接受了大量的零碎信息，他们尚缺乏概括、归纳、总结的能力，如不及时对所学知识加以总结，遗忘得会更快。只有让学生在较短时间内重复所学内容，引导学生对所学知识进行归纳梳理，使知识系统化和网络化，才能使他们对学习内容有较好的记忆。因此，在每节课结束前，及时对所学内容进行小结，可加深学生对知识的理解和记忆，从而更好地掌握课堂教学内容。

（二）要有针对性

总结性评价必须针对教学内容和学生特点，具有鲜明的针对性。凡是学生难理解、难掌握和容易出错的概念、法则、公式等都应及时阐明，力求突出重点、突破难点，使学生进一步巩固所学知识，提高综合运用知识的能力。除了对知识点进行总结外，还要对思想、方法进行总结。

（三）要能联系前后知识

知识具有一定的系统性和条理性，只有通过适当的方式引导学生将所学内容与前后的知识相联系，学生才能学得活、学得好，才能真正掌握所学的内容。进行总结性评价时，教师应抓住知识之间的内在联系，激疑设悬，让学生课下自愿地去探索、探究，做到课断而思不断、言尽而意不尽，同时，也能为下一节课做好铺垫。

总之，只要教师重视总结性评价，教会学生观察、思考、归纳、总结，就能培养学生解决问题、升华思维的能力，就能起到画龙点睛的效果。

第五节 激励性评价

一、激励性评价的相关概念

（一）教学评价

关于教学评价的概念，许多学者和研究者从不同的角度做出了界定。

李秉德关于教学评价的定义："教学评价，就是通过各种测量系统地收集数据，从而对学生通过教学发生的行为变化予以确定，教学评价的对象是学生的学习过程及其结果，评价者主要是任课教师。"这主要是从教学评价的评价者和评价对象方面给出的定义。

冯忠良关于教学评价的定义："教学评价就是对学绩测验所得的数据进行分析及解释。"他主要从教学评价的评价内容方面入手，给出教学评价的定义。

唐汉卫关于教学评价的定义："教学评价是指根据一定的教学目标，运用可操作的科学手段，通过系统地搜集、分析、整理信息和资料，对教育活动、过程和

第六章　基于核心素养培育的课堂教学评价

结果进行价值判断,从而为不断优化教育和教育决策提供依据的过程。"这个定义主要侧重教学评价的实施方面。

祝智庭关于教学评价的定义:"教学评价是指运用一系列可行的评价技术和手段来评量教学过程和效果的活动,以期确定教学状况与教学期望的差距,确定教学问题的解决对策。"这个定义主要侧重教学评价的目的方面。

范晓玲关于教学评价的定义:"教学评价可以分为宏观的教学评价和微观的教学评价。宏观的教学评价是指研究所有与人类教学活动有关的评价问题,微观的教学评价则局限于学校内部的教学评价问题。而对于微观的教学评价而言,我们又可以把它分为广义的教学评价和狭义的教学评价。广义的教学评价是指影响教学活动的所有因素的评价;狭义的教学评价是指根据一定的教学目标和标准,对教师的教和学生的学进行的系统检测,并评定其价值及优缺点,以求改进的过程。"这个定义给出了宏观和微观的教学评价的含义。

根据以上各位专家学者对教学评价的定义,教学评价是根据一定的教学目标,由以教师为主的评价者对学生的学习过程及其结果进行价值判断,确定教学问题,提出合理建议的一种评价方式。

(二) 激励性评价

许多研究学者给出了激励性评价的定义,主要有以下几种。

赵学勤指出:激励性评价是以激发学生内在的需要和动机,以鼓励学生自觉主动提高自身全面素质为目的的一种价值判断活动。这个定义主要提出了激励性评价的目的。

郑艳萍指出:激励性评价是指在教育教学中,通过教师的语言、情感和恰当的教育教学方式,不失时机地给不同层次的学生以充分的肯定、激励和赞扬,使学生在心理上获得自信和成功的体验,激发学生的学习动机和学习兴趣,内化学生的人格,使学生积极主动学习的一种策略。激励性评价是学生评价的一种,是在充分把握学生心理、维护学生自尊的基础上,重视发掘学生的个性特点,以信任、鼓励和期待的语言或者行动对学生进行评价的过程。这个定义主要是从激励性评价的实施方面给出的。

郭玉荣指出:激励性评价又叫肯定性评价,是指发挥其内在的激励机制与外在的激励功能,激发被评者自我完善、自我发展的行为动机,鼓励被评者不断前进。这个定义主要是从对被评价者起到的作用方面给出的。

王淑丽指出:激励性评价是指在教学过程中,以教学目标为轴心,从学生实际出发实施评价,从而促进学生发展、激发学生学习的积极性、提高教学质量的一种评价方法。这个定义侧重对学生的促进作用及提高教学质量等方面。

李重英指出:激励性评价是以激发学生的内在需要和动机,以鼓励学生自觉主动提高自身全面素质为目标的一种价值判断活动。

综合以上对激励性评价的定义,激励性评价是指教师通过真实的情感、语言和肢体语言对不同层次学生的表现,及时给予信任、期待和鼓励的评价过程。

二、激励性评价的原则

(一)客观性原则

每个学生都渴望教师的赞美,教师应尽可能多地创设机会,使每个学生都能得到肯定与表扬。但是,所有的赞美与表扬都要"事出有因",都要真实,切忌不分对错、一味表扬、添枝加叶、夸大其词。教师在必要时,应该指出学生的错误或存在的不足,使激励性评价既具有激励性,还具有建议性,为学生进一步的提高指明方向。

比如,评价学生的英语朗读情况时,可以这样说:"你读得真有感情,如果能把语音读准就更好了。""你的语音语调非常好,听你说英语真是一种享受,不过,要是能再放慢点语速就太完美了。"只有实事求是的、客观的评价,才能吸引学生的注意,启发学生的思维,促进学生的发展,才会让学生觉得教师是由衷地为自己的进步而高兴,才能进一步激发学生的进取心和自信心。否则,学生只会感到教师在"哄"自己,是为了表扬而表扬的,学生不会感到教师的关爱。"动人心者莫先乎情",只有真诚的肯定和赞美,才能真正调动学生的情绪,让学生插上飞往成功彼岸的翅膀。

(二)全面性原则

学生的健康发展应该是德、智、体、美、劳等各个方面的综合发展。在课堂教学中,为了促进学生的全面健康发展,教师既要培养学生的语言能力,又要培养学生良好的交流能力和健康的审美情趣。激励性评价的内容必须是全面的,在关注学生知识储备的同时,更要关注学生的心理素质、创新精神、态度习惯和情感体验,注重对学生正确的世界观、人生观、价值观的引导,把激励性评价内容的触角延伸到学生的学习、生活、兴趣爱好、人际交往等众多领域中去。比如,对一个发言非常好的学生,教师可以这样表扬:"你不仅思路清楚、用词准确,而且善于倾听别人的发言，敢于提出自己的不同意见，这是一种极好的学习品质。"

（三）全体性原则

成功的课堂教学必须以所有学生都积极参与并有效学习为前提，因此，教师在英语教学中实施激励性评价时，应面向全体学生，释放"公平之爱"，不戴"有色眼镜"，对学生一视同仁，不仅要赏识优等生，也要关心后进生，给不同层面的学生都提供和创造受赏识和体验成功的条件与机会，促使所有学生都获得不同程度的发展，实现教育公平和公正。

（四）具体性原则

具体性原则是指教学过程中实施的激励性评价的语言要具体，不能随意和空泛，因为太随意的赞美就像蜻蜓点水一样，很难对学生起到激励作用。激励性评价的语言不能千篇一律，用一个调子，说一套话，评价学生说"好""棒"时，应该让学生知道自己究竟"好"在哪里，"棒"在哪里，为什么"好"，为什么"棒"。只有学生知道了"所以然"，这种"好"或"棒"的行为才能得以强化，真正转化为学生的内在行为。比如，"某某同学最近的表现相当不错"这样缺乏具体内容的赞美，很难有鼓动性和影响力，不妨改成"某某同学在英语写作方面有很大的进步"。

（五）适量性原则

"过犹不及"是说事情做得过头，就跟做得不够一样，都是不合适的，在教学中实施激励性评价也是如此。在一定时间内，激励性评价的次数太少，则不能调动学生的学习积极性；太多，则容易让学生产生麻木的心态，激励性评价也不能充分发挥作用。激励性评价次数必须合适、合理，要针对学生的不同情况恰当运用。

（六）艺术性原则

教育是一门科学，更是一门艺术。激励性评价正是教育的一种艺术体现。因此，实施激励性评价必须讲求艺术性，只有艺术性的肯定和表扬才能使学生智慧的火花得到迸发，让激励性评价发挥更大的价值。教师对学生的评价要看对象、看场合，或直言不讳，或委婉含蓄，或严肃庄重，或热情洋溢，还可以引用古典诗句、名人名言、格言警句来评价学生。这些艺术性的评价就好比春雨"随风潜入夜，润物细无声"，对学生将会产生潜移默化的影响。

三、核心素养视域下激励性评价的策略

（一）热爱学生

教师教育学生的过程，是师生情感交流的过程。如果教师热爱学生、善待学生，那么就会如同磁石一般，吸引学生、激励着学生去积极思考、用心学习、克服困难、走向成功。教师只有对学生抱有强烈的爱、宽容的理解、诚挚的友善、平等的尊重，才能引起学生对教师的崇敬、信任和亲近，才能创造激励学生学习的感情基础，营造有利于学生德、智、体、美、劳全面发展的良好教育气氛。

（二）突出学生的主体地位

新课程革新下的课堂，是师生互动、生生互动的课堂，学生是课堂的主角，因而，在教学中，教师应把自己定位为学生学习的服务者、组织者、促进者、启发者、帮助者、激励者，真正地把课堂还给学生，突出学生的主体地位，实现多元激励性评价。尤其要注重发挥同学之间的互评作用，因为来自同伴的激励是作用巨大的。美国一位名叫海伦的教师，在教育后进生效果不佳时，想了一条"妙计"：让每个学生用纸写下其他同学的优点，然后海伦再把每个学生的优点集中起来，抄在一张张小卡片上，分发给每一个学生。学生们看到"优点单"上写的自己的优点，一个个惊喜万分，这张并不起眼的小卡片，让优秀学生的优点更加突出，使他们更加自信，同时也使那些有这样或那样缺点的后进生看到了自己的优点，增加了自信。可见，同伴间的激励，更能使他们在遇到困难的时候产生强大的动力，增强克服困难、战胜挫折的勇气。

（三）适时、适度

开展激励性评价的重点在于如何抓好契机，也就是说教师要善于做"及时雨"，在学生最需要的时候去鼓励他们，"雨"要下得及时，既不可久旱后降甘露，也不要水漫金山悲戚戚。在课堂上，当一个学生尽其所能解答了一道疑难问题的时候，教师就应当堂表扬他；当一个学生回答问题错了的时候，教师也应先肯定他勤于思考，勇于回答问题，然后再鼓励他从多角度去思考问题。这样适时适度的激励表扬，能使学生学得专注，也学得开心。但是我们必须意识到激励不等于表扬，批评也是一种激励，无原则的表扬只会适得其反。教师要引导学生正确对待否定性评价，使其具有一定的心理承受能力，既认识到自己的优点，也清楚认识到自

己的不足，并对其提出针对性的改进建议。这样才能更有效地促进学生进步发展，才是真正成功的激励。

第六节 发展性评价

一、发展性评价的相关概念

（一）评价

"评价"一词最早见于《宋史·戚同文传》，书中记载"市场不评价，市人知而不欺"，这里的"评价"指的是讨价还价、讨论价格的意思，也就是指对货物价格的判断。

时至今日，"评价"一词的应用范围日益宽泛。但从本质上来讲，评价是一种价值判断的过程，是对客体满足主体需要程度的一种判断。

（二）学生评价

所谓学生评价，是将学生作为评定的对象，参照一定的价值标准对学生的学业成绩、思想品德、个性发展等方面进行价值判断的过程。

学生评价是教育评价的基础，学生评价的结果对课程的实施起着重要的导向和质量监控作用。所以，构建科学、可行的学生评价体系有利于促进学生发展，同时也是课程革新的要求。

（三）发展性评价

关于发展评价的内涵，到目前为止学术界还没有一个统一的界定。钟启泉教授认为，"发展性评价是一种尊重个别差异、基于学生实际表现的评价方式"。郑金洲教授认为，"发展性评价实际上也是一种形成性评价，是针对传统的终结性评价的弊端提出来的"。

周桂珍等学者认为，"发展性教学评价是基于发展性的课堂教学目标，依靠多样化的评价技术和方法，依托课堂教学对教师教学和学生学习的状态及过程进行的价值判断"。

黄牧航教授认为，发展性评价是一种评价理念，而不是具体的评价方法。在这种理念下，凡是有助于促进学生、教师和学校发展的评价，均称为发展性评价。

蒋建州认为，发展性评价就是综合发挥教育评价功能，通过及时的诊断和反馈让学生改正问题，让教师有针对性地调整教学手段，最终实现学生潜能的充分发展。

综合各种说法，发展性评价不是一种具体的操作模式，也不特指某一评价方法，而是在"以人为本"的教育观念的指引下，通过一系列的价值判断活动，综合发挥教育的评价功能，以促进学生全面和个性发展为根本目标的评价理念。

二、发展性评价的理论基础

（一）人本主义理论

人本主义理论兴起于20世纪50年代的美国，以马斯洛和罗杰斯为代表，是心理学领域主张对人的本性进行研究而产生的第三思潮，反映在教育领域就是人本主义教育思想。人本主义认为，教育是关于人的教育，所以教育的前提条件是承认人的价值，倡导在教学实践中以学生经验为基础开展"有意义的学习"，提倡人性的回归，培养"完整的人"和"自我实现的人"。人本主义在教学观、师生观、课程观、学生观、评价观等方面提出的观点具有前瞻性，对当今世界的教育观点产生了深远的影响。

发展性评价的评价对象是学生，以学生的全面个性发展为最终目的，这和人本主义理论的观点有相通之处。因此，对学生进行评价时应当尊重学生的个体差异性，选择不同的教育标准和方式评价学生，激发学生的内在动机；要转变以教师为评价主体的传统观念，强调多主体的评价方式，增强学生的主体意识；学生的评价不仅应该关注学生知识及经验的获取，更应该关注学习过程中非智能因素的发展。

（二）建构主义理论

建构主义是在认知主义的基础上发展而来的。它认为学习是一个主动的意义建构过程，学习者不是被动地接受知识，而是知识的主动建构者，知识是人对客观现实的一种解释与假设。教学不再是传递客观现成的知识，而是激发学生现有的知识经验，在真实情境中主动通过行动、思考、对话、协作等来解决问题，促使学生不断调整和完善知识系统框架，并运用已形成的知识框架去学习新的知识。建构主义强调评价的动态性，关注动态的评价结果，在教与学的过程中实现过程性评价与结果性评价的结合。将教学评价整合到教学过程中，能够使教师及时了解教学效果和学生存在的问题，并据此及时调整和改进教学策略，使评价成为教与学的"领航者"。

从建构主义的部分理论可以看出，建构主义倡导在学习过程中进行评价，强调学生的积极主动性，为发展性评价的形成提供了理论支撑。

（三）多元智能理论

20世纪80年代，美国著名心理学家加德纳冲破传统的智能范围，提出了多元智能理论，这对当时乃至现在的教育、人才、智能开发和教育评价都产生了深远的影响。加德纳认为人的智能是多元的，各种智能只有领域的不同，而没有优劣之分、轻重之别。

每种智能系统在每个人身上的表现和程度是不同的，每种智能间既是相互独立又是相互联系的，共同产生了外显智能行为，这些智能分别是语言智能、逻辑-数学智能、空间智能、肌体运动智能、音乐智能、人际智能、内省智能、自然观察智能等。

多元智能理论应用在教育评价领域就是尊重学生的个体差异性，不再以传统的考试成绩和智商高低划分优劣，而是在实际情境中从多元化的角度关注学生的智能类型和学习类型。

学生的智能类型不同，对事物的理解能力、处理方式、行为习惯也是不尽相同的。所以，一方面，教师应该对每个学生抱有积极的态度，善于指导学生发现其优势智能，通过设计有利于学生智能发展的教学活动，完成优势智能向弱势智能的迁移发展。另一方面，根据学生的发展特点和需求，在教学评价中体现多元化的评价理念。

三、核心素养视域下发展性评价的策略

（一）着眼于被评价者

发展性评价基于一定的培养目标，这些目标显示了被评价者发展的方向，也构成了评价的依据，这些目标主要来自课程标准，也充分考虑了被评价者的实际情况。发展性评价将着眼点放在被评价者的未来，包括大众教育和终身学习的需要上。

（二）注重评价诊断功能

发展性评价的根本目的是促进被评价者素质的提高。评价过程中，对被评

者的现状、发展特征以及发展水平的描述和认定必须是评价者和被评价者共同认可的，如果涉及要通过评等级去描述某种特征，也必须是被评价者认可的。这些描述或评定只用于分析被评价者存在的优势和不足，并在此基础上提出具体的改进建议，不应具有"高利害性"。

（三）突出评价的过程

发展性评价强调收集并保存可以表明被评价者发展状况的关键资料，对这些资料的呈现和分析能够形成对被评价者发展变化过程的认识，并在此基础上针对被评价者的优势和不足给出针对性的改进建议。

（四）关注个体的差异

个体的差异不仅指考试成绩的差异，还包括其生理特点、心理特征和兴趣爱好等各个方面的不同特点，发展性评价通过细致的观察能够准确地判断每个被评价者的不同特点及其发展潜力，为被评价者提出适合其个人发展的建议。

（五）强调评价主体的多元化

评价主体多元化是指在发展性评价中，评价者应该是参与活动的全体对象的代表，以对被评价者进行全方位的评价。以评价学生的某次学习活动为例，评价者应该包括教师、家长、学生、学校领导和其他与该学习活动有关的人。

第七章　基于核心素养培育的课堂教学策略

良好的课堂教学要能够促进学生核心素养的发展，因为缺乏核心素养指向的教学是苍白无力的，它无法为学生的生命个体注入情、理、智、趣的营养，由此亟须对核心素养指向的教学策略展开探讨。

第一节　分层教学策略

一、分层教学法的含义

分层教学是我国现阶段教育领域中较受关注的一种教学方法，我国不少学校逐渐开始实施分层教学法。但是，当前学术界尚未对分层教学形成一个统一的认识，众多教育研究专家、学者们根据自己的研究给出了不同的定义。

中央教育科学研究所研究员、我国"差异教学"创始人华国栋教授在他所编著的《差异教学论》中将分层教学定义为"教学中根据学生智力水平和成绩的不同，将全班学生分成两三个层次，为他们制订分层次的教学目标，教学中考虑不同层次学生的需要，尽可能兼顾他们，加强同学间的合作，对学生成绩的评估也有不同层次的要求"。

因此，教师应在了解学生知识水平和能力差异的前提下实施分层教学，通过对学生的了解，在尊重学生、达到全体学生均衡发展的目标下，转变教学方法，贯彻因材施教的教学原则，科学地对学生进行分层。在实际教学中根据学生的水平制订不同的目标，激发各个层次学生的发展潜能，提高学生的知识水平，加快实现全面发展的步伐。

二、分层教学法的原则

(一) 主体性原则

师生之间的主客体关系是客观存在的，也是复杂的，讲授的时候教师是主体，练习的时候学生则是主体。分层教学中教师应该发挥自己教的主体性作用，科学合理地运用各种教学方法，加强课堂的组织与管理，为学生创造良好的教学环境。同时教师也应该认识到学生的主体地位，所有的教学手段都是为了让他们更好地掌握知识和技能。教师应针对各个层次的学生特点制订出不同的教学计划，适当减少口述内容，加强对学生自学自练能力的培养，提倡学生间的合作与帮助，提高学生的课堂参与度，进而使他们彻底摆脱被动学习的局面。

(二) 激励性原则

每个人都希望自己所做的事情得到别人的认可，学生亦是如此。学生如果在学习过程中能够得到教师的认可与鼓励，其自信心和参与课堂学习的积极性都会有很大的提升。因此，在分层教学中教师应当认真观察每一位学生，尽可能多地发现学生身上的优点并告诉他们。即使是在学生犯错或失误时，教师也应保持宽容平和的心态帮其纠正，对于低层次的学生更是要以表扬为主，让他们对自己有信心，使其感受到成功的喜悦并能更加积极主动地参与到学习中，激励他们向更高层次迈进。

(三) 动态性原则

在教学过程中每个层次的学生人数并不是不变的，教师要根据学生的实际水平、学习态度等方面客观评价学生的进步与退步，用发展的眼光来看待每一位学生，做到及时评价并调整分组。对于低层次中进步很大且达到高层次学习要求的学生可以"升"到高层次组别中，而对于高层次中态度消极或有明显退步的学生则"降"到低层次组别中。这样做能巧妙地利用学生争强好胜的心理，产生鲶鱼效应，使他们具有竞争意识，不断地超越自我、做到更好。

(四) 公平性原则

针对不同层次学生的差异，教师需要做到公平对待。教师不能以个人情感因素来评价学生，每个学生都有自己的才能，只是表现的方面不同，教师理应做到一视同仁，公平地对待班级里的每一位学生。

三、分层教学法的理论依据

（一）心理学理论

心理学认为，学习动机和学习效果之间存在着相互制约的关系。如果学习效果好，学生就会在学习中获得更多的成功体验，学生的学习动机就会得到加强，主动性和积极性就会提高，从而会以全新的状态投入学习生活中去，学习效率就会更高、效果就更好。学习动机的强弱直接影响认知活动启动的早晚和认知活动的质量好坏。可见学习动机与学习效果相互促进的关键是学生要在学习活动中获得成功体验，从而形成学习上的良性循环。奥苏贝尔明确指出："动机与学习之间的关系是典型的相辅相成的关系，绝非一种单向性的关系。"心理学认为，愉快情绪对学习质量的提高有巨大的促进作用。而愉快情绪是从成功的自信和满足中得到的。孔子说："知之者不如好之者，好之者不如乐之者。"用现在的话说就是，掌握知识还不如对所学的知识产生浓厚兴趣，而产生浓厚兴趣还不如参与学习时感到愉快，也就是说最佳的学习过程是没有心理压力的快乐的学习过程。

因此，分层教学模式的核心思想是为每个学生提供成功的机会，使学生体会成功的愉悦，变"要我学"为"我要学"，调动每一个学生的积极性，充分开发他们内在的潜能，从而让不同层次的学生都能获得成功的体验以及由此带来的成就感和愉悦感。分层教学模式在教学组织和教学设计上符合心理学理论原则，划分层次应当尽可能照顾到学生的心理特征、智力与非智力因素等。

（二）因材施教理论

在我国最早提出因材施教理论的是春秋时期的教育家孔子。孔子有"弟子三千，贤人七十二"。三千弟子为何不能都培养成优秀的人呢？孔子认为，这是由于人与人之间存在差异。"中人以上，可以语上也；中人以下，不可以语上也。"他通过长时间的教学经验积累，逐步了解每个学生的个性，发现学生的不同之处，并根据学生的具体情况因材施教。

宋代时期，孔子的教育思想被朱熹总结为"孔子教人，因材施教"，这也是"因材施教"一词的来源。因材施教是指教师在教学过程中要根据学生的实际情况、个别差异与个性特点，有针对性地进行教学，使每个学生都能够扬长避短、长善救失，从而得到最佳的发展。因材施教理论是我国分层教学思想的开端。

（三）个体差异理论

个体差异是指个体在成长过程中受遗传和环境的交互影响，在身心特征上显示出的彼此各不相同的现象。虽然学生都经历了相同的发展阶段，但发展的速度、水平等千差万别，因此，教师应该了解每一位学生的学习能力、学习方式、学习态度等多方面因素对学习的影响，只有这样才能更好地把握每一位学生的特点，并按照学生的个性设置相应的教学内容或布置相应的作业，这样才能达到整体中个别化教学的目的。在课堂教学中，个体差异性主要表现在学习能力、学习方式、学习态度、学习兴趣等方面。

1. 学习能力方面

学生学习能力的差异主要表现在以下两个方面。

第一，学生的学习能力有高低的差异。大致来说，能力在全体学生中表现为正态分布，即两头小、中间大。也就是说学习能力非常强或非常弱的学生只占了学生总数很少的一部分，但毕竟还是存在的，教师在教学的过程中应该兼顾这两类学生。应该对学习能力非常好的学生提出更高的要求，而那些学习能力非常弱的，教师应给予适当的照顾，不要放弃他们，只要对他们有足够的耐心及细心，相信他们会有开窍的那一天的。当然，在实际的教学过程中应该以中间的大部分学生为主，对两头的学生的辅导应该在讲课结束后或自习时进行。

第二，能力包括各种各样的成分，它们可以按不同的方式结合起来。由于结合方式的不同，构成了结构上的差异，例如，有人善于想象、有人善于记忆、有人擅长思考等。既然学生擅长的方向不一样，教师在教学的过程中，就应该充分发挥每一个学生的优势，但又要适当地对其不足的方面进行引导训练，真正做到在满足学生个性发展的同时，又能让其全面发展。

2. 学习方式方面

经过了将近十年的学习，每一个学生都形成了自己的学习风格。有的学生习惯于课前预习、课后复习，这样在听课的过程中就更有针对性，而且效率更高，可以达到事半功倍的效果。当然，这也是我们教师一直要求学生做的，可是真正做到的学生真是少之又少。有的学生更习惯于只是在课堂上听教师讲，这样对学生的要求其实更高，因为教师讲的内容对他们而言都是陌生的，他们需要时刻集中注意力来听教师讲解，所以这种方式效果一般。而有的学生学习方式很不好，上课不听讲，课后不能按时完成相关的作业，对于这样的学生，教师可能要费点心，要时刻进行督促。

3. 学习态度方面

有的学生学习态度非常端正，学习目标明确，学习积极主动，自制力很强，能很好地安排学习和娱乐之间的关系；大部分学生学习态度还是可以的，能够明确自己的方向，但有时并不能很好地约束自己；而有些学生既不知道为什么要学习，也不想学习，更不能很好地约束自己。

4. 学习兴趣方面

有的学生学习兴趣很浓厚，也很广泛，对一切未知的事物都想搞清楚他们的来龙去脉，有着极强的求知欲望；有的学生有点"逆来顺受"的感觉，你让我干什么，我就干什么，你教一点我就学一点；当然更有的学生完全是混日子的，即使是教师布置的作业他们也不能很好地完成，更不要提让他们自己课外学习了。分层次教学就是建立在学生个体差异基础上的一种教学方法。

（四）人本主义学习理论

现代西方教育中一个重要教育思想是以马斯洛、罗杰斯为代表的人本主义学习理论，其承袭了欧洲文艺复兴时期的人本主义教育观，重视对人的情感、智慧、意志、人格的整合，强调受教育者的主体地位，提出"以学习者为中心"的观点，主张学生要充分发挥自己的潜在能力，能够愉快地、创造性地学习，追求人的个性的发展。一方面它强调以人为本，即强调教学以学生为中心，认为教师要充分调动学生的主体性、主观能动性，充分尊重学生的自身价值，挖掘学生的潜能，使学生能够得到全面发展。另一方面人本主义学习理论强调学生的自由学习，主张尊重学生的个性特长，让学生自由发展。这就要求我们的学校教育不能按照一个模式进行教学活动，而应该采用适合学生实际情况的多元化教育模式。

人本主义学习理论启示我们，学生是学习的主体，师生关系的核心是尊重学生。尊重表现为两方面的含义：其一是承认每个学生都有自己的兴趣、认知水平、需要，尊重学生个性的存在，教育活动要以此为出发点，发展学生的个性；其二是在尊重每个学生人格和尊严的前提下，尊重学生群体的存在，强调师生的交流，教师要走入学生的情感世界去理解他们。学生是不成熟的群体，通过教育教学活动，可以使他们不断走向成熟。但是学生又是一个充满情感、活力和个性的生命群体，教师和学生之间、学生与学生之间在人格上是平等的。实施素质教育下的动态分层教学模式，教师要在把握教学的方向、内容、进程和方法后，充分尊重和信任每一个学生，使学生在愉悦的情绪下学习，强调教师的教学要以学生为本，以学生的发展为本。教师在组织教学活动时要十分关注自己的教育对象，这样才能调动学生的主动性、积极性和自觉性。

（五）建构主义学习理论

建构主义是学习理论中行为主义发展到认知主义以后的进一步发展，是当代教育心理学的一场革命。建构主义理论的内容非常丰富，但其核心用一句话就可以概括，即以学生为中心，强调学生对知识的主动探索、主动发现和对所学知识意义的主动建构。建构主义认为，学习是获取知识的过程，学习是在一定的情境下，借助他人的帮助，如人与人之间的协作活动、交流、利用必要的信息等，通过意义的建构而获得的。建构主义学习理论认为，"情境""会话""协作"和"意义建构"是学习环境中的四大要素或四大属性。学习环境中的情境必须有利于学生对所学内容的意义建构。这就对教学设计提出了新的要求，也就是说，在建构主义学习环境下，教学设计不仅要考虑教学目标分析，而且还要考虑有利于学生建构意义的情境的创设问题，并把情境创设看作教学设计的最重要内容之一。

在学习过程中帮助学生建构意义就是要帮助学生对当前学习内容所反映的事物的性质、规律以及该事物与其他事物之间的内在联系形成较深刻的理解。这种理解在大脑中的长期存储形式就是关于当前所学内容的认知结构。教师的教学活动围绕着意义建构这个最终目标来进行。

建构主义提倡在教师指导下的、以学习者为中心的学习，也就是说，既强调学习者的认知主体作用，又不忽视教师的指导作用，教师是意义建构的帮助者、促进者，而不是知识的传授者与灌输者。学生是信息加工的主体，是意义的主动建构者，而不是外部刺激的被动接受者和被灌输的对象。

建构主义理论为教学革新提供了一种全新的指导思想，在将其付诸实践的过程中，我们应当注意到，学生在对知识的探索、发现和意义建构上存在很大差异，并且这种差异体现在各自的能力、方法、过程和所需条件等各个方面。因此，分层教学模式必须要以学生为本，尊重差异，以培养个性、能力和综合素质为指导思想，针对不同层次学生的实际情况，因材施教，发挥每个学生的主体性、自主性、能动性和创造性，最大限度地实现其全面发展。

（六）加德纳的多元智能理论

1983年，美国著名心理学家、哈佛大学教授霍华德·加德纳提出了多元智能理论。加德纳认为智能是解决问题和创造产品的能力，并提出存在七种不同的智能。语言智能是对语言文字的掌握能力；逻辑数学智能是数学、逻辑推理及科学分析的能力；空间智能是在脑中形成一个外部空间世界的模式并能够运用和操作这种模式的能力；音乐智能是指对音调、旋律、节奏和音色把控的能力；身体运动智能是运用整个身体或身体的一部分解决问题或制造产品的能力；人际智能是指理解他人的能力；自我认识智能是指人们能够对自己有一个正确的认识并且能够在实际生活中进行有效运用的能力。

加德纳认为人类的智能不应局限于上述七种，在 1996 年和 1999 年分别增加了自然观察智能和存在智能。自然观察智能是指对物体进行识别和分类以及认识自然系统和人造系统的能力。存在智能是指思考生死之意义的能力。

每个人都拥有以上九种智能，但是世界上没有两片完全相同的树叶，也没有两个完全相同的人。不同的人的智能发展水平是有所不同的，也表现出了不同的认知方式，因此每个人都是独一无二的存在。大部分只能在某个领域或者几个领域有卓越的成就，几乎不会看到在各个领域都能取得成就的全才。

正因如此，在教书育人的进程中，不应只是表面的传授知识，更应深入了解、尊重学生的个体差异性，帮助学生发掘自身的特点与多方面能力的有效结合，使学生独特的优势得到更好的发展。在教学过程中，就应该充分考虑学生的多元智能，因此多元智能理论也是分层教学的一种重要理论基础。

（七）全面发展教育理论

素质教育是在全面发展教育的思想背景下深化和发展而来的。全面推行素质教育，是教育理论的一次重要革命，是对全面发展理论的升华，我们需要真正落实素质教育。我们的革新绝不仅仅只顾及学生眼前的小发展，而要着眼于学生未来的可持续发展。分层教学紧紧围绕"为了一切学生，一切为了学生"的原则，打破"一刀切"模式，践行全面发展教育理论。

（八）教学过程最优化理论

教学过程的最优化是指在一定的教学条件下寻求最合理的教学方案，使教师和学生花最少的时间和精力获得最好的教学效果，从而使学生获得最好的发展。这一理论是由苏联教育家巴班斯基在 20 世纪 70 年代，为了克服学生普遍存在的留级、学习成绩不佳的现象提出的，目的是要对学校教学进行整体优化。

巴班斯基认为，不同的教学内容应该对应不同的教学方法。内容比较简单时只需要做简单的练习即可；对于稍微有点儿难度的内容，教师除了做适当的讲解外，还要对那些学习困难的学生进行辅导以使他们能更好地理解讲课内容，而那些学习比较优秀的学生应该做一些提高练习，教师要让他们学会一题多解，注重培养他们的发散性思维。

在分层教学的过程中，教师应该遵循教学过程最优化理论，努力寻求一种最合理的教学方案，要能达到事半功倍的效果。

四、核心素养视域下分层教学的模式

（一）分层走班模式

分层走班模式是指根据学校进行的主要文化课摸底结果，按照学生的知识和能力水平，分成三个或四个层次，组成新的教学集体。"走班"并不打破原有的行政班，只是在学习这些文化课的时候，按各自的程度到不同的班去上课。"走班"实际上是一种运动式的、大范围的分层。它的特点是教师针对不同层次的学生重新组织教学内容，确定与其基础相适应又可以达到的教学目标，从而降低了"学困生"的学习难度，又满足了"学优生"扩大知识面的需求。

（二）班内目标分层教学模式

班内目标分层教学模式又称"分层教学、分类指导"教学模式，它保留行政班，但在教学中，从好、中、差各类学生的实际出发，确定不同层次的目标，进行不同层次的教学和辅导，组织不同层次的检测，使各类学生得到充分的发展。具体做法包括：① 了解差异，分类建组；② 针对差异，分类目标；③ 面向全体，因材施教；④ 阶段考查，分类考核；⑤ 发展性评价，不断提高。

（三）能力目标分层监测模式

能力目标分层监测模式由学生根据自身的条件，先选择相应的学习层次，然后根据努力的情况及后续学习的现状，再进行学期末的层次调整。这一形式参照了国外的"核心技能"原理，给学生更多的自主选择权，学生在认识社会及认识自我的基础上，将自身的条件与阶段目标科学地联系在一起。

（四）"个别化"学习的模式

"个别化"学习实际上是一种广义的分层，它是基于网络的"个别化"教学。学生利用网络进行循序渐进的分层学习，每达到一个目标就自动进入下一个知识模块。

(五)定向培养目标分层模式

这种模式多限于职业教育,指按照学生的毕业去向分层分班教学。具体做法是:入学时进行摸底调查,既了解学生的知识和能力水平,又了解学生对就业与升学的选择,在尊重学生和家长意见的同时,也反馈学生自身的学业情况,正确定位。然后,以学生的基础和发展为依据,分成两个层次——升学班与就业班。两个班的主要文化课安排同样的教材、同样的进度,只是教学的目标和知识的难度有区别,升学班更注重应试能力的训练,就业班则突出文化知识与职业实践的结合。当二年级学生参加水平测试并合格后,学校又给学生提供了第二次选择,升学班进一步强化文化课与主要专业课,而就业班则以职业技能训练为主。

(六)课堂教学的"分层互动"模式

"分层互动"的教学模式,实际上是一种课堂教学的策略。这里的"分层"是一种隐性的分层,首先,教师要通过调查和观察,掌握班级内每个学生的学习状况、知识水平、特长爱好及社会环境,将学生按照心理特点分组,形成一个个学习群体。利用小组合作学习和成员之间的互帮互学形式,充分发挥师生之间、学生之间的互动、激励,为每个学生创造整体发展的机会,特别是学生间人际互动,利用了学生层次的差异性与合作意识,形成有利于每个成员协调发展的集体力量。

第二节 整体教学策略

一、整体的意蕴

(一)整体意味着"联系"

联系被认为是万事万物得以存在与发展的条件。我国古代"和"的理念认为:① 关系决定事物。事物不可能决定自身的存在状态和发展可能性,甚至不能决定自身的存在,其他事物永远是某个事物的存在和发展的条件,因此,事物的存在和发展取决于它与其他事物的关系。② 事物之间的和谐关系是每个事物得以生存的必要条件。事物单靠自身不可能生存,必须与另一个事物互相依靠才能共存,于是,共存成了存在的先决条件。③事物之间只有和谐配合才能使各自发挥其最大效用、达到最佳状态。同样,人与人之间的互惠关系也将使每个人的利益都获得改善。万物的存在和发展是这样的,知识的存在和发展也一样。孤立的知识不仅没有活力,甚至不能存活。知识只有在联系中才能生长,才会产生新的知识,这就是整体功能大于局部之和的道理。正如刘庆昌教授所言:"任何知识总处于联系之中,时间上处于历史的联系中,空间上处于结构的联系中。具体而言,所谓历史的联系,是指一种知识自身的发生、形成和发展的内在过程;所谓结构的联系,是指一种知识与它之外的其他知识的有机联系。如果教师把所传授的知识置入过程和联系之中,课堂里的知识空间就自然形成了。……打个比方,每个知识都有自己的'近亲'和'远亲','近亲'是与它联系最紧密的,'远亲'与它的联系则依次渐远。教师在课堂中最好能够呈示一个知识的'亲缘'关系图。如此,知识在学生的头脑中就不再是孤立的,会立刻生动起来。过去的老师常讲,学知识要像串糖葫芦一样,不能像布袋装山药蛋,说的是要注意所学知识间的联系,我们所说的知识'亲缘'关系图,还要超越规定的教学内容,把学生带到更深远的知识海洋中去。"

联系是一种能力,它意味着学生能看出知识的相同点和不同点,即在不同知识之间看出相同点和在相同知识之间看出不同点;能看出知识的各种联系,包括直接联系(显性联系)和间接联系(隐性联系),特别是能从似乎没有关联的知识之间看出彼此的内在联系。

(二)整体意味着"统整"

从统整的性质和层次来说,我们可以把统整分为以知识联系为纲的统整、以主题为纲的统整和以核心素养为纲的统整三个层级。

1. 以知识联系为纲的统整

以知识联系为纲的统整强调课堂教学不能固守学科的壁垒,而是要打开学科的边界,走向学科的综合,让学生在综合地带、边缘地带进行知识探险。中学语文特级教师徐思源曾深有感触地说:"许多教师将学科或某一知识系统视为神圣不可侵犯的东西,容不得一点改变和突破。殊不知,这样的固守恰恰隔绝了学科或知识之间原本融通的联系,阻碍了学科的进步,更可怕的是禁锢了学生本来活泼的思想,关闭了跨界之门。其实,学科之间是可以也应该跨界融通的。我教语文,语言本是思想情感的外壳,学生学习语言不可能只读文学,还要以其他学科的文本为媒介学习阅读、写作、说话,增强语言的感知和应用能力。这样的语文学习才是接地气的，才是与现实生活更密切联系的。其他学科又何尝不是如此呢？"为此，徐老师呼吁："解放思想吧，将跨界理念引入教学，让原本毫不相干甚至矛盾的元素相互渗透融会，擦出灵感的火花和奇妙的创意，为学生创新思维的培养创设更好的环境。"另一位中学语文教师也强调说："我觉得语文课不必教得太窄、太赶、太死，应充分发掘教材中的各种有益的'教育因素'，围绕教学中心合理拓展，古今中外，纵横捭阖，把语文课教得丰厚一些、从容一些、大气一些，更有语文味一些。课堂中合理巧妙的延伸拓展、联系比较，可加大教学的广度和深度，使课堂显得丰满厚重、生动活泼，从而体现出教师深入发掘、举一反三、旁征博引、纵横捭阖的教学风格。学生通过延伸拓展、比较鉴别、同中求异，得以加深理解、训练思维、丰富知识、获益匪浅。"

学科内部更应该打通。教师要以整体联系的眼光组织、设计和处理各章节、各单元和各知识点的关系，让学生在整体中、在联系中、在比较中学习，从而帮助学生在头脑中将知识"竖成线，横成片"，或"由点构成线，由线构成面"，形成立体、开放、整体的知识结构。

2. 以主题为纲的统整

以主题为纲的统整"不是对原有课程内容的简单删减，也不是一个拼盘，而是重新审视传统的学科分类，软化学科界限，改变单纯以学科逻辑组织课程内容的做法，强调以学习者的经验、个体和社会需要为基础，以问题为核心进行的课程整合。主题课程希望做到书本知识与实践体验的有机统整，在活动时空上向自然环境、学生的生活领域和社会活动领域延伸，密切学生与自然、与社会、与个体生活的联系，使学生在此过程中建立系统的思维方式，体验知识之间的联系"。

3. 以核心素养为纲的统整

以核心素养为纲的统整意味着学科教学首先考虑的不再是学科知识本身，而是学生作为人的发展的核心素养。也就是说，以核心素养为纲，让课程真正回归儿童本位，回归发展本位。这种统整绝不是单纯的课程加减，也不是单一的教与学的方式的改变，而是致力于打破学科界限和三级课程界限，实现国家课程的校本化和三级课程的一体化，实现学科内整合、学科间整合以及课内外、校内外的整合，从而形成学校多方面育人的合力，构建学校育人新生态，促进学生学习方式的根本性改变。

当然，核心素养包含本学科的核心素养和跨学科的核心素养，这里我们要特别强调跨学科素养的意义。"每个学科都有作业，对于'核心素养'来讲，作业里的责任、抗挫、时间观、效率观，比作业本身更重要，而这些'素养'可以统整所有的学科；课堂、集会中的自控和自律，讨论、合作中的秩序和包容，可以统整所有的学科；学校运动会上的拼搏、包容、团结、意志，也可以统整所有的学科。"

二、单元整体教学概述

（一）单元整体教学的概念界定

单元整体教学是在单元教学基础上发展起来的概念。单元教学是一种将教材、活动等划分为完整的单元进行教学的方法，目的是改变偏重零碎知识和记忆文字符号的教学方式，并强调利用学生的手和脑来获得完整的知识和经验。这一教学方式的出现旨在改变单篇教学导致的知识碎片化教学的误区，加强教学内容之间的联系，促进学生知识的迁移与运用。但是在实际教学中，单元教学仍常常被割裂为单篇教学。针对这种现象，为强调单元教学的整体性，教育工作者提出了"单元整体教学"的概念。

单元整体教学是指以一个个单元为基本单位，在教学过程中进行整体规划、统筹安排，有序进行教学的一种教学模式。这里的单元与普遍意义上的单元相比，打破了篇目、课时的限制，是在单元核心概念的统领下，把一组原本离散的教学内容有机组合在一起的相对完整的学习单位。这样的学习单位可以被看作一个学习事件、一个完整的学习故事、一个微课程。

需要强调的是，单元整体教学的有机组合并不是将单元中各部分内容简单相加，而是体现为教学目标的一致、教学内容的整合、教学方式的统筹以及教学评价的规划等各方面的整体设计与实施。第一，单元整体教学要求教师要具备全局意识，即在全面整合单元内容的基础上设置连贯的教学目标，勾连单元前后内容，突出教学的系统性和层级性。第二，单元整体教学要求教师遵循学生"先学后教、以学定教、顺学而教、反复习得"的学习规律，引导学生在有限的时间内获取更多有价值的知识。

（二）单元整体教学的基本特征

1. 强调教学设计的整体性

单元是由各个要素构成的有机统一体，单元内部整体与部分之间并不是简单割裂的关系，而是相互联系、相互依赖、互为系统的整体存在关系。单元整体教学基于整体系统对各部分进行有机统筹与安排，这种整体性表现在教学设计上，主要包括教学目标的整体性、教学内容的整体性以及教学效果的整体性。

第七章 基于核心素养培育的课堂教学策略

其一,教学目标的整体性是指单元整体教学要求目标设计从整体性出发,分层级设计教学目标,课时目标的设计安排为最终单元总目标的达成服务,最终落实单元整体的系统运作。

其二,教学内容的整体性是指单元整体教学变单篇内容解读为整体内容建构,克服单篇文本解读的随意性与盲目性,基于单元部分功能差异对各部分内容进行合理的组织与安排;发挥教学活动的整体合力,进一步突出内容之间的系统性与连贯性,落实板块衔接,实现单元教学内容由"模糊一片"到"清晰可见"的教学转变。

其三,教学效果的整体性是指单元整体教学要充分发挥各板块的作用,通过整体设计使各模块各司其职、环环相扣,以层层推进的方式实现整体大于部分之和的教学效果,推动知识体系纵横双向延伸,完善认知结构,最终呈现出整体上相互联系、螺旋上升的教学效果。

2. 突出学生学习的主体性

单元整体教学相对于传统单篇教学的另一个基本特征为,更加彰显学生学习的主体地位。夸美纽斯提出在教学中教师应采用合适的教学方式,使学生能够有效自主地学习而不是被动地接受灌输,教学要突出学生的主体学习地位,以此来强调发展学生独立认知能力的重要性。

但是在传统教学中,多数教师往往以单篇精讲精练、单向传输为主要教学方式,教师与学生无法实现有效互动,也无法引导学生自主探索。学生的主体地位在极大程度上被削弱,学生的学习兴趣逐渐丧失,最终导致教学效果不尽如人意。在这种情况下,单元整体教学就像打开单篇教学局限性的一把钥匙。在单元整体教学中,它倡导以"学生为主体,教师为主导"的方式引导学生主动学习。教师的作用是引导和启迪学生,使学生自奋其力、自致其知。单元整体教学重点突出对学习方法的传授,而非知识的简单传输。单元整体教学始终以学生学习为主体,从贴近学生生活的真实性问题情境出发,引导学生通过自主探索与协作学习等方式对知识进行主动建构。在学生学习建构过程中,教师是引导者,为学生学习进行情境与活动的创设,重点对学生的学习方法加以指导,为学生学习搭建脚手架,提供学习支持,推进自主学习活动的开展,帮助学生完成知识的迁移与运用。

3. 彰显教师教学的自主性

教师教学的自主性主要体现在教师对于单元整体教学中的教学内容、教学方式、教学资源、教学时间与空间等都拥有了更大的自主创造空间。在教学内容上,传统单篇教学内容固定,教师对教学内容的整合范围有限,不利于教师实现对教学的个性化创造。而单元整体教学则为教师提供了更大的整合空间，教师可以在明确单元教学目标的前提下对单元内容进行灵活排列和重组。这隐含着教师不是教科书的执行者，而是教学方案的开发者，即教师是"用教科书教，而不是教教科书"的教学理念。

此外，在教学方式上，单元整体教学与传统教学相比不再仅仅局限于课堂与书本之中，更为重要的是教学要加强学生学习与学生真实生活的融合。在单元整体教学中，"下课"并不是学习结束的标志，而是课堂学习与学生生活的连接点。学生对于知识的学习不是为了应付考试而是为了更好地应对生活，为了解决生活中的实际问题。因此，在这一过程中，为了满足学生的实际学习需要，传统以教定学的教学方式显然已无法满足教师教学的需要。教师要自主选择灵活多变的教学途径，依据学生的实际学习需要适时调整教学进程。

（三）单元整体教学的理论基础

1. 系统论

系统论认为系统是由若干要素以一定的结构形式联结而成的有机整体，它强调整体功能大于各部分功能之和。也就是说，只有当各组成要素形成最优化结构组织的时候，整体功能的发挥才能最大化。基于系统理论，教学就是一个特殊的系统，它是由相互依存、相互作用的各教学要素构成的特殊组织形式。从本质上说，教学是一种环境的创造，是创造由教学目标、教学内容、教学方式、教学作用、活动类型、教学资源等组成的特殊的环境。其中，教学设计就是创造这种教学环境的方法。

在单元整体教学中，每个单元内部由听、说、读、写各板块共同构成单元的内容系统。在单元外部，单元与单元之间并非毫无关联，而是形成梯度上衔接与递进的有机整体系统。在统编教材单元内容的系统安排下，单元以立德树人、接地气、整体规划、有机渗透、贴近学生生活、体现时代性等为基本特点进行编排，使教学要点更加突出明确，有助于帮助学生实现"一课一得"。基于整体功能大于系统各部分功能之和的思想观念，单元整体教学需要利用系统方法把碎片化的语文知识点、分散在每节课中的能力训练点以及不同文本中蕴含的人文情怀整合起来，形成一个内部相对有序的整体。

2. 维果斯基的心理发展理论

维果斯基认为个体的心理从出生开始，在环境与教育的作用下，会由低级心理机能的获得向高级心理机能的获得转化。针对这一转化过程，维果斯基进一步

第七章 基于核心素养培育的课堂教学策略

提出了教学与发展的关系。他认为真正的教育不是专门的知识和技能的学习，而是儿童学习能力的发展。

所谓能力，就是指儿童思维创造能力，制订计划和执行计划的能力，用不同方式表达观点的能力。维果斯基认为儿童有两种发展水平：一是儿童的现有水平；二是即将达到的发展水平。二者之间的差距就是最近发展区，即儿童在有指导的情况下，借助成人帮助所能达到的解决问题的水平与独自解决问题所达到的水平之间的差距。针对上述思想，维果斯基提出了教学应当走在发展前面的教学思想，他认为教学可以被定义为人为的发展，教学决定着智力的发展。教学的作用不在于机械地重复训练，而在于激发学生的学习潜力，使学生不成熟的心理机制得到长久的发展。

维果斯基心理发展理论为单元整体教学提供了现实的指导意义。在单元整体教学过程中，教师要围绕当前的单元学习主题，按照最近发展区的要求搭建教学的"脚手架"，激发学生的学习潜力，获得学习能力的提升与发展。此外，要加强教师与学生、学生与学生之间的交往与合作，教师要引导学生通过合作解决问题，促进知识体系的完善与发展。教师在单元整体教学中要注重对学习方法的指导，在课堂上教师要重视对学生的启发，激活学生学习的主观能动性，引导学生举一反三、触类旁通。

3. 逆向设计理论

逆向设计理论是美国教学革新专家格兰特·威金斯和杰伊·麦克泰格倡导的以学习结果为目标的教学设计模式。逆向设计与传统教学设计相比有两处转变。第一个变化是教学目标从教的角度转变为学的角度。威金斯提到"我们的课堂、单元和课程在逻辑上应该从想要达到的学习结果导出，而不是从我们所擅长的教法、教材和活动导出"。第二个变化是将评价提前，将评价置于教学目标之后。在传统教学中评价一般位于教学的最后环节，教师往往只借助教学评价来检测学生的最终学习效果，这种思路常常使教师在重点关注教学内容之后使评价倾向于知识性检测而与目标相脱离。教师评价的滞后使其对于学习过程中学生的学习程度有所忽视，学生的生成性表现也被教师忽略，导致教师难以掌控教学效果的达成程度，学生也学得糊里糊涂。最终教学演变为教师对教材内容的定向灌输，教师对于目标是否达成以及达成的程度缺乏科学的评估。逆向教学设计从学生立场出发，针对单元的完整教学过程进行专业性设计，以学生为中心，从学生预期的学习结果出发，导出学生如何学会学习的过程，从而为核心素养的落地指明清晰的路径。

三、核心素养导向下整体教学的实施策略

整体即联系，整体即组织，整体即整合。通过联系、组织、整合，可以实现知识的系统化、结构化，并使知识真正转化为素养。强调联系、组织和整合的目的是防止知识和能力的碎片化，改变从单个知识点的识记到理解再到应用的认知路径，转变知识导向的传统教学模式。

（一）知识树

知识树就是用树状的形式，提纲挈领、简明扼要地把教材的主要内容及其知识点的内在联系表现出来。大的知识树可以是一个学段、一门学科、一本书、一个单元的内容，小的知识树可以是一篇课文或一堂课的内容。

（二）概念图

概念图是一种用节点代表概念、连线代表概念间关系、文字标注描述关系或阐述概念的图示法。这样的工具可以帮助学习者先建立一个知识的框架网络，再根据新学的知识不断在已有网络增添新的概念，它有助于促进有意义的学习，是学生进一步展开层次性学习的有效工具。

（三）思维导图

思维导图是表达发散性思维的有效工具，它运用图文并重的技巧，把各级主题的关系用相互隶属与相关的层级图表现出来，使主题关键词与图像、颜色等建立起记忆连接。通过展示和分析思维导图，学生得以从看似杂乱无序的知识点中梳理内在逻辑，从而更好、更清晰地掌握主题内容。

第三节 自主教学策略

一、自主学习的意义

生命的成长必须依赖于内部自我的发生与发展。生命的成长总是自内而外的，一切外在的强制与灌输都无法触及心灵世界与建构精神宇宙。叶圣陶先生提出：凡是人生的一切，从外铄得来的，虽言表名理，行合正谊，也不过是被动的；若

是从"自觉"得来的，便灵心彻悟，即知即行。

自主学习是人们与生俱来的本性。人的成长过程就是不断地挣脱束缚、走向独立自主的过程。自主学习是顺人之心、舒人之性，遵循人的自主的本能，引导生命向四面八方敞亮，不断地、积极主动地吸纳丰富的营养，不断地成就自我。这就是所谓的"人之初，性本学"。布鲁姆在《教学论》中指出，人类所具有的最独有的特征就是能够进行学习。学习在人类身上是如此的根深蒂固，以至于常常不为人所意识到。自主学习的倡导就是要唤醒"人之初，性本学"的能量。

自主学习的缺失导致自我人格及心灵力量的损失与流失。人们只有进行自主学习，才能学习如何自主，即如何成为自己生命中的主宰与主人，如何成为自己人生世界中的主语与主格。教育的目标就是要培育思想自由、生命自主的人。人之所以成为人，就在于生命个体能自我认识、自我建筑、自我承担、自我督促、自我安顿。这种自主性虽是与生俱来的，但如不经过精心呵护与栽培，就可能消磨殆尽，很难发扬光大。

自主学习是面向瞬息万变的未来及"不确定性"的最好的姿势。知识的发展日新月异，社会的变化一日千里，面对变化的世界，我们唯一要把握的就是自主学习，不断地学习。只有不断地自主学习才能真正"与时俱进"，才能创造一个日新、更新、创新的自我及世界。

美国著名心理学家卡尔·罗杰斯指出：如果我们想要使人们能在这个变幻无穷的大千世界中建设性地生活着，那么我们只有让他们成为自我主动、自发的学习者才能做到。

自主学习是个体生命成长必不可少的核心素养。为什么人们的许多学习无法积蓄为精神的营养，无法转化为生命的养料呢？其主要的原因在于这种学习活动"去我""无我""忘我"，而"我"的迷失造成学习的迷茫及知识的迷惘。怎么把知识与学习内化为滋养生命的核心素养呢？通过自我自主地学习，可以使"我"与知识、学习融为一体。

二、自主学习的特点

（一）主动性

自主学习的动力及终极目标都在于"主动"一词。主动便意味着积极地面向知识世界与生活世界，学习者从消极的客体变成积极的主体；也就意味着主体的精神、主体意识、主体思想的焕发；意味着生命不断地润泽知识与学习；也意味着知识的学习走向生命活动本身。黄克剑先生在《黄克剑论教育·学术·人生》中提出：人这件"艺术品"最终要靠自己成全自己、自己完成自己；我们当教师的人所要做的不是按自己的意图或设想——哪怕是极有创意的意图或设想去塑造学生，而应该是诱导学生从好的范本中获得启示，从而主动地自己塑造自己。缺乏主动性的学习是一种假学习，它苍白无力、味同嚼蜡；缺乏主动性的学习，失去了真实的体验，没有内在的触动，只能走向教育与生命的反面。

（二）个性化

自主学习中的"自主"也可阐释为，自己与主体。自己与主体的最大特征就是富有自己的个性、与众不同、独一无二。相对而言，传统的教学方式强调"步调一致"，不管学生的知识水平、学习能力，不管学生的认知风格、思维差异，总是让同一班级的学生在同一时间、同一地点、按同一进度及同一学习方法学习同一内容，并进行同一检测，以期达到同一效果。结果，学习者被模塑为一种统一的"标准件"，学习异化为一种"套瓷"。自主学习针对传统教学中"千人一面、千篇一律"的大一统的学习方式的弊端，提倡"富有个性的学习策略、方法、方式"。在学习目标、学习内容、学习方法、学习时空、学习成果上都可以因人而异、因材施教。

（三）反思性

在自主学习的整个过程中，"自与主"须臾而不可离，自己有自己的主张、自己有自己的主意、自己是自己的主心骨。也就说，在学习过程中要时时处处反观自照、躬身自省。

三、核心素养导向下引导学生自主学习的策略

（一）学会自主规划学习目标

对于学习来讲，目标意识必须明确，否则必将劳而无功，甚至还有可能南辕北辙。课堂教学如果缺乏明确的教学目标就好像脱缰的野马，漫无目的，找不到方向；就好像汪洋大海中迷失航标的小船，无处归泊。对于这样的教学而言，必然会导致一系列的混乱与困惑，例如，知识混乱不堪，未经建构与梳理；情感飘忽不定，难以辨识与表达；价值观念含混不清……教师要引导学生善于规划长期

学习的目标、中期学习的目标和短期学习的目标，引导学生根据自己现有的学习基础、已经学习的知识基础及当下学习的主要内容这三个要素进行综合考量，拟定学习任务、学习目标。

（二）学会自主调控学习过程

自主学习强调自我规划、自我实施、自我监视、自我调整，是一种自组织、内生的学习。苏联赞科夫的教学与发展理论之一就是"让学生理解学习的过程"，即在学习的过程中，不能一味地埋头苦学，而是要边学边驻足追问：我学会了什么？还有哪些不会的？我的学习方法对不对？我还需要如何学习？

（三）学会自主确定学习方法

对于自主学习而言，学习方法至关重要，与学生的后续学习以及终身发展息息相关。在英国著名的教育家斯宾塞看来，方法是最重要的知识。学生学习的一个重要使命，就是在学习过程中学会学习，即学会学习的方法。教师要引导学生逐渐认识并理解多种多样的学习策略与方法，鼓励学生尝试运用各种各样的学习策略与方法，并在学习过程中体会其优劣，洞悉常用的学习策略与方法适用的具体情境，探寻适合自己的学习方法，不断用科学的学习理论来改善自己的学习策略与方法。陶行知先生说得相当透彻：教学不是教学生，而是教学生学。教学要真正摆脱高耗低效的局面，在课堂教学中必须有明确的持之以恒的"学法指导"意识与实践。教师在课堂教学中的学法指导不能泛泛而谈，必须具体明确，让学生可触可摸、可感可解、可效可仿，否则，等于纸上谈兵。学习方法的获得不是通过简单的授受所能解决的，而是通过不断的实践训练，在运用相应的学习方法的过程中掌握学习方法，即所谓的在学习中学会学习并达到自主学习。

（四）学会自主反思学习效果

古希腊著名的哲学家苏格拉底称，未经反思的人生是不值得过的。未经反思的学习是没有价值的。反思是一种反馈与重组、整合及持续深化学习的过程。缺乏反思、缺乏自主反馈的学习是无法形成深层的、内在的思维及生命体验的。维纳曾说过，一个有效的行为必须通过某种反馈过程来取得信息，从而了解目的是否已经达到。自主反思学习效果，就是要根据拟定的学习目标——对照：我的学习目标有没有达成？如果没有，我要如何补缺补漏？如果有，我还要完成什么目标？

四、核心素养导向下推进教师自主教学发展的策略

（一）增强教师的自主发展意识

美国教育学者帕克·帕尔默在《教学勇气——漫步教师心灵》中写道："真正好的教学不能降低到技术层面，真正好的教学来自教师的自身认同与自我完善。"教师的价值认同是指教师从内心对自身职业价值与意义的认定，并能够从中体验到成功与乐趣。处于不同职业发展阶段的教师的价值认同是存在差异的，我们应根据教学发展的不同阶段，采取不同的策略。

（二）激发教师教学发展的内在动力

为了确保教师自主教学发展的持久性和高效性，应该适当调整和变革高校的制度环境。首先是整个国家教育体制大环境的变革，这种变革在很大程度上影响了高校自身政策的革新，即对教学在大学职能中的重要性予以强调，激发教师提高教学能力的主动性和追求卓越教学的内在动力。然而，由于在短时间内很难改变外部的教育体制，学校应与当下自身的实际情况相结合，创建良好的内部评价制度环境，有意识地纠正"重科研、轻教学"的现状，增加对教学革新的激励与投入，在职称评审、岗位聘任、职务晋升等方面进一步加大教学的占比等。

第四节 主题教学策略

一、主题教学概述

（一）主题教学的界定

美国学者哈纳最早对主题教学进行了界定，他认为主题教学是针对某个具有社会意义的话题而展开的学习方式，这种学习方式能够联结多个学科，整合多种知识，满足学习者的社会需求。罗伯特·卡茨认为主题教学是由一名或多名儿童承担的对某一专题的深度探究，其中涉及儿童以意义建构的方式与其所处的世界互动的激励教学，也涉及注重学生积极参与的学习行为。

随着主题教学理念在中国逐渐受到关注，许多学者也都对主题教学的内涵进

行了探索。赵中建认为主题教学是合科教学的有效途径，是核心知识课程实施中的主要教学模式。顾小清认为主题教学以主题为中心进行扩展，围绕主题开展各项活动，由教师引导学习者对主题内的问题进行探索，从而培养学习者的综合能力。窦桂梅认为主题教学是一种围绕主题展开的，充分重视学习者需求的，结构灵活多样的开放性教学方式。

在查阅大量国内外主题教学相关研究后，笔者对主题教学的概念做出如下界定。主题教学是一种以内容为载体，围绕某一有意义的主题开展的教学活动。教师要充分了解学习者的需求，并收集大量的资料，为学习者创设真实的情境。教师还要引导学习者积极探索、解决问题，并与学习者进行有效的互动，让学习者在实践中学习知识、提升自身综合能力。

（二）主题教学的理论基础

1. 建构主义理论

建构主义理论是主题教学的重要理论基础，其代表人物有杜威、皮亚杰、维果斯基等。建构主义认为人的认知是在"同化"与"顺应"的不断交替中持续发展的，也就是说一个人在认识新事物时，是依靠已有的经验以及自身逻辑进行分析的，再对原有经验进行加工、调整，从而得到新的经验。

因此，建构主义的学习观认为学习不是学习者被动地接受知识的过程，而是学习者积极主动建构知识的过程。学习并不是简单的信息的积累，它同时包含由新旧经验的冲突而引发的观念转变和结构重组，学习过程并不是简单的信息输入、存储和提取，而是新旧经验之间的双向的相互作用过程。学习者要根据自身已有的知识，对新的知识进行主动的选择、加工和处理，借助外部资料以及他人的帮助将知识内化，最终形成自己的理解。

同时，建构主义理论注重知识结构的体系性，强调学习的主动建构性、社会互动性以及情境性，在具体的教学实践中，提倡以学习者为中心的教学方式。这就要求在实施主题教学的过程中，教师要注重学习者的主体地位，不能无视学习者已有的经验，而是要把这些经验视为新知识的生长点，在了解学习者自身特点的前提下引导其积极进行探索，主动建构新的知识。教师在进行教学设计时也要注重情境的创设，选取与实际生活相关的主题，把所学知识与一定的真实任务联系起来，让学习者在实践中培养思维、提升交际能力。

2. CBI 教学理念

CBI（Content-Based Instruction）教学理念，又称为内容依托式教学理念，源于20世纪60年代加拿大蒙特利尔的"沉浸式"实验班。经过多年的实验与发展，CBI教学理念被认为是一种有效地提高第二语言能力的教学途径。CBI教学理念强调学习有关内容而不是学习语言形式，特别适合在真实背景下将注意力集中在语言功能性的运用上，以此来促进语言听、说、读、写四项技能的发展。克拉申的"可理解性输入"概念是CBI理念的重要指导思想。克拉申认为输入是第二语言习得的关键，学习者想要轻松地学习语言，就要在这种语言的包围中获得大量的可理解性输入。要实现可理解，语言输入则要达到"i+1"这个值，即略高于学习者现有的语言水平。想要通过输入来提升语言能力就要确保输入的内容是学习者可以充分理解的，同时还要为学习者创建良好的语言环境，让他们被语言输入包围，从而激发学习者的学习兴趣，让学习者的语言能力自然地提升。

利弗认为CBI教学理念具有四个特点。一是以主题为核心，课程的内容应该根据主题来设置，而不是围绕语言的形式、功能来设置，学习者的交际能力会随着对特定主题相关信息的掌握而得到提升。二是要使用真实的语言材料，课文、音频、视频等材料都要选择二语母语者制作的，让学习者在真实的目标语言环境中来完成特定的任务，发展语言能力。三是获取新的信息，学习者要能够运用已有的经验来评估、学习新的信息。四是要满足学习者的需求，课程的主题选择、内容设置、材料使用、活动安排等都要符合学习者的需求，并且要与学习者的语言水平相适应。

主题教学围绕学习者感兴趣的主题，利用各种资源培养学习者的综合能力，提升其语言水平，能够满足CBI教学理念的要求，是符合CBI教学理念的教学方法。

3.多元智能理论

多元智能理论由美国心理学家加德纳提出，该理论认为每个人都有包括语言智能、逻辑数学智能、音乐智能、空间智能、身体运动智能、人际关系智能、自我认知智能以及自然观察智能等在内的多种智能。这些智能彼此相对独立，都有各自独特的发展方式和高峰期，但在实际生活中，它们并不是绝对孤立、毫不相干的。几乎没有一种活动能够单独依靠某一种智能独立完成，这些智能总是错综复杂地交织在一起，因此，它们对人的发展有着同等重要的影响。个体间之所以存在差异是因为每个人的智能发展水平不同，智能间的组合方式也不同，所以，每个人接受新知识的能力、解决问题的能力也各不相同。

多元智能理论指导下的语言学习观告诉我们语言的习得可以是全方位、多途径和个性化的。教师在进行教学时应该充分开发学习者的各种智能，帮助学习者强化记忆、弥补不足。在安排课程活动时，若能设计需要运用多种智能的活动，则能够引起学习者的兴趣，提高其学习参与度。

长此以往，学习者还有可能发掘自身不曾注意到的潜能，从而找到适合自己的、独特的语言学习策略和学习方法。传统的教学方式较为严肃刻板，更加注重学习者的语言智能、逻辑数学智能的使用与发展，主题教学则更加注重教学活动的多样性，所以学习者的其他智能，如音乐智能、身体运动智能、空间智能等也被激活，这能够为学习者提供更加多样的学习途径，其智能也可以得到发展，整体素质也随之提高。

（三）主题教学的特征

1. 以主题为中轴

主题内容是主题教学的核心所在，教师先选定一个主题，然后围绕该主题确定教学目标、扩展教学内容、选择教学材料、设计教学活动。教师可以不受限于教材，选择适合主题、贴近日常生活的真实语料来进行教学，这能够使学习者学有所用。教师还可以按照不同的主题设计不同的教学活动和语言操练形式，这能够使学习者的学习热情得到激发，提高学习者的课堂参与度，让学习者感受学习的乐趣，从而达到理想的教学效果。

2. 以学习者为中心

主题教学将学习者放在主体地位，在选择主题、设定教学环节时，都要对学习者的需求进行充分考虑。在教学过程中，教师更多的是起到指导性作用，要努力增强师生间的互动，引导学习者积极思考，帮助他们解决问题，培养学习者建构知识系统的能力。

与此同时，教师还要时刻观察学习者的状态，了解每个学习者的特点，更有针对性地安排教学活动。课后要积极与学习者沟通，收集有效反馈，并对当前教学设计进行调整，既要保证教学内容的准确性，又要使学习者的需求得到满足。

3. 教学形式灵活多变

与传统的教学方式不同，主题教学更加注重教学活动的多样性，让学习者在丰富的活动中主动获取知识，并在课堂互动中使用所学的知识，以此来保证学习效果。主题教学打破了"以教材为中心"的封闭状态，主题的选取不再局限于教材，社会热点、时事新闻等都可以作为教学主题。教师在教学辅助资料的选择上也有较大的自由，只要是与主题密切相关的，小说选段、影视片段、街头采访等都可以成为教学材料的一部分。这一特征使得主题式学习可以有效避免教学滞后、教学内容陈旧等问题，真正实现学习内容选择与文化发展同步。

4. 教学过程高度情境化

培养学生运用语言进行交际的能力是第二语言教学的最终目的所在，这也就要求我们在选择主题时要尽可能地与实际生活相贴近，主题内容要与社会生活相联系。所以，主题教学注重情境创设，教师在进行教学时通常要为学习者提供一个真实或者模拟真实的环境，让学习者在特定情境中进行思考。只有不断地使用知识才能更好地理解、掌握知识，情境的创设使学习者对获取的知识印象更加深刻，日后也能更加快速地进行提取和使用。

二、核心素养导向下主题教学的实施策略

（一）选取教学主题

主题是主题教学最核心的部分，它决定着整个课程的设计方向，与教学内容密切相关。因此，主题的选取十分重要，在选取主题时应该遵循以下三个原则。

1. 兴趣原则

主题教学尊重学习者的主体地位，各个教学环节的设计都是为学习者服务的。根据学习者的兴趣来选取主题，才能激发学习者的好奇心与学习热情。尤其是当汉语学习进入中高级阶段后，学习难度增加，学习者的学习积极性逐渐降低，教师如果只根据教材内容或者自己的喜好选取主题，课堂教学效果将会受到一定的影响。学习者的兴趣不足就会导致其课堂参与度降低，即使教师讲授的内容很清晰且丰富，也未必能得到他们的认同与反馈。所以，教师在课余时间要多与学习者进行沟通，了解他们的兴趣爱好，结合他们的兴趣点选取教学主题。

2. 扩展性原则

成功的主题教学不仅仅能够提升学习者的知识水平，还能够开阔学习者的思路，促进其逻辑思维能力的发展，因此，一个好的主题要具有一定的扩展性。被选定的主题要能够延伸出一定的子主题，子主题与主题联系密切，且各子主题之间具有一定的相关性。这能够帮助学习者发散思维，当他们的知识积累到一定程度的时候，便可以将新旧知识联结起来，形成具有内在逻辑关系的知识网络，这有助于学习者语言系统的建构。

3. 实用性原则

语言学习的最终目的是能够运用语言进行交际，所以教师在选取汉语主题时一定要重视主题的实用性，选取的主题要尽可能地贴近学习者的实际生活，让学习者能够学有所用。教师也要关注主题的新鲜度与时效性，比如在临近节日的时

候选择相关的文化主题，在运动会前后选择相关的运动主题，这样能够给学习者提供实践的机会。同时，教师还要考虑到学习者的年龄，选取的主题要符合学习者的身心发展水平，要让学习者能够理解并产生共鸣。

（二）制订教学目标

在确定了主题之后，教师需要围绕主题制订教学目标，为后续教学设计提供依据。主题教学的教学目标要充分考虑学习者的认知特点，教师要了解学习者的学习状态，制订稍高于学习者现有知识水平的教学目标，保证学习者能够完成目标。

（三）搜集相关资料

为了保证教学的丰富性、趣味性和实用性，教师需要搜集大量的与主题相关的资料，包括文本、图片、音频、视频等，并对其进行筛选，挑出其中语言使用规范、具有一定趣味性且不存在歧义和文化冲突的资料来辅助教学。教学资料使用得当能够丰富教学内容，吸引学习者的注意力，有效地提升教学效果。

（四）开展教学活动

教学活动是一个整体性的概念，包括教师讲解、学生操练、游戏活动、小组讨论等多个环节。在开展教学活动时，教师要尊重学习者的主体地位，知识点讲解要简洁清晰，并将大部分时间用于引导、帮助学习者进行自主学习。教师要根据学习者的状态灵活地调节各个环节，保证学习者都能够参与到课堂中来，都能够有所收获。

（五）展示教学成果

教师要根据课程内容设置一定的任务，让学习者独立地或者与他人合作完成任务，并将任务成果展示出来。这一环节能够反映出学习者对所学知识的掌握程度，同时还给了学习者再一次展示自我的机会。这能够帮助学习者消除紧张感，增强学习者的自信心，促进其人格的发展。

（六）进行教学评价

在教学结束后，教师可以通过多种方式来对主题教学过程与教学结果进行评价。教师要多与学习者进行交流来了解他们对课堂知识的掌握情况，要询问学习者对教学的建议以及需求，这有助于教师及时发现教学中存在的问题，改进教学设计。教师自己也要回忆教学过程，对教学环节的实施以及自身教学表现做出评价，从而改进不足，提高教学质量。

第五节 情境教学策略

一、情境教学的概念和特征

（一）情境

情境是一种富有感情色彩的场景，在本书中，专指教学情境。教学的环境实质上就是一种课堂教学情境，当然，情境的范畴可能更窄一些，是一种特定的概念。课堂情境融合人文情境与科学情境，可进一步细化为情感情境、交际情境、问题情境、迁移情境、思辨情境等。

情境最大的功能在于激发学生的情感，因为情境本身就是带有情感因素的环境或场景，激发情感是情境设置的前提，也是课堂教学的前提。当然，在情境体验教学的研究视野中，将情境的价值领域拓展到了人文与科学相结合的领域，使情境的内涵极为丰富。在这种理论前提下的情境中，激情的作用便不再是单一地让学生感动、激动，或者是单纯地感染学生，而是真正让学生借助情境调动自身丰富的生命体验。这种体验可以是感性的，带有强烈的情绪色彩；也可以是理性的，带有严谨的价值判断性；还可以是感性与理性的交织。只有从这样多维的视角认识情境的激情功能，才能使学生真正从情境中得到学习的动力和源泉。

如何创设情境是情境体验教学极为关注的基础性问题。我们将情境的创设理解为课堂教学的"情境准备"，在吸收传统情境教学方法的前提下，进行了新的拓展和延伸，对情境问题做了深入的探究。单从如何创设情境来看，至少应当包含这样五个方面：一是从教材、学科特点以及学生实际出发；二是借助多种手段创设情境；三是组织活动带入情境；四是注重师生、生生之间的人际情境创设；五是情境的连续、综合性，在一节课中，有利于学生发展的情境应贯穿始终，而不是局限于某一环节。对于情境的理论概述及情境准备的实施功能，情境体验教学均做了深入的反思与探讨，获取了一系列较为成熟的理论观点与认识。

情境是指对人引起情感变化的具体自然环境或具体的社会环境。从生态学的视角来看,"情境"作为课堂教学中富有感情色彩的场景和氛围,在完整意义上分为人文情境与科学情境。人文情境是感性的、具体的、情感化的,强调想象与迁移、审美与思辨;科学情境则是理性的、抽象的、简化的、实在的,强调理智与逻辑。两种情境和谐自然地并存于课堂教学中是至关重要的,这也是课堂"生态平衡"的首要因素。

在传统的课堂教学中,我们突出强调一种科学情境的营造,即课堂教学崇尚统一性、简单性、必然性以及整体性,以理性为核心,其目标指向科学知识本身。在这一情境中,教师往往处于绝对的中心地位,按照自己所理解、预设的知识、目标来规范学生的学习,在有些学生偏离或者无法达到预订的教学目标时,教师往往会采取强制性的措施来约束学生,课堂上经常呈现出严谨、严肃、严格、严厉,甚至严酷的气氛。这一情境不能被称为"情境",而长期以来它却实实在在地存在于课堂教学中。当前,"情境教学""情境教育"受到了普遍关注,许多专家极力倡导的所谓情境更多地体现为一种人文情境,即强调课堂教学的独特性、意外性、复杂性、创造性、情感性,以感性为核心,其目标更多地指向学生本身的发展。在这种情境中,师生亲密无间、相互熏陶、教学相长,使师生沉浸于一种和谐、温暖、纯洁、博大的氛围之中,这是一种纯粹化了的人文关怀理念的体现。显然,这样的情境更有利于学生的自由发展,更有利于学生的实践创新。

在对科学情境与人文情境分割开来理解的同时,应当明确的是,课堂教学面对的是个性鲜明的学生。要完成知识传递、能力培养、人格塑造等基本任务,教学目标的明确性与操作过程中的不可预见性往往同时存在。单纯的科学情境或人文情境都具有自身的局限性,无法实现课堂教学目标的全面落实,也就谈不上促进学生的全面发展。

因此,在实际的课堂教学中,两种情境需要协调统一、不可偏废。许多相关科学理论也支持了这一观点。脑科学的研究证明,理性思维的科学场景有利于开发人的左脑,而感性想象的人文场景更有利于开发人的右脑,同时,人脑各部分之间协调合作,不会有截然不同的分工。

因此,两种情境的和谐并存对于学生大脑的全面开发具有重要意义。多元智能理论告诉我们,人的智能是每个人与生俱来的属性与能力。课堂教学情境应面对具有不同智能特点的学生,单一的情境必然会制约某些学生智能的发挥。

(二)情境教学的含义

情境是指,在一定时间内各种情况的相对的或结合的境况。情境教学是一种实现学生对在其自然背景中的认知的学习，它强调个体思想通常在结构的、直接的、有支撑的环境中形成。我们的知识获取必须起始于真实的情境经验。徐国文提出"教师在政治课堂教学中需要独具匠心地创设情境，将理性的教学内容以感性的形式直观地呈现、反映出来，再现生活现实，将学生、教师、教材三者统一于情境之中，给学生提供一种能够引起情绪感染、生活体验的心理环境，引领学生观察和感受其中的情感、观点（知识）和思想，从而促进学生学科核心素养的发展"。

综上所述，情境教学是教师通过多种方式，创设性地构建情境，让学生在积极参与的过程中，完成教学目标的一种教学方法。

（三）情境教学的特征

情境教学法有其自身的特殊性，在此分析了情境教学法的真实性、自主参与性、情感性和发展性的特点。

1. 真实性

情境教学所创设的情境是指通过学生对生活情境的再认来达到学习新知的目的，因而情境具有真实性。情境教学的相关理论认为，认知的发生是在情境与探究活动中产生的，情境是学生学习知识、提升能力的关键所在。而通过学生日益丰富的认知，学生的经验也越来越多，可供学生学习的情境也相应增多，因而可以让教师创设真实情境的范围也跟着扩大了。情境教学要求教师要为学生创设合理真实的情境来负载知识，学生也将会在这些真实的情境中探究学习、提高认知。

2. 自主参与性

新课标要求学生是课堂学习的主体，具有主动性。在情境教学为学生提供的情境中，学生也应是主动学习的主体，自主参与到课堂探究活动中来。学生通过自主、合作、探究等方式结合情境感受新知，他们不再只是单纯的被动接受者，而是可以借助情境、经验进行独立思考、学习探究、总结概括的主动参与者。在整个学习过程中，学生结合情境依据自身知识框架进行有意义的知识建构，不仅获得了知识，更多的是提高了自身的学习能力。

3. 情感性

情因境而生，境因情而设。情境教学一个最大的特点就是情感性，情境的创设重在情感的激发，以客观情境为基础来达到学习新知的目的。在整个情境教学过程中，营造轻松愉快的教学氛围，使学生的学习达到要求，情感也得到了升华。

第七章 基于核心素养培育的课堂教学策略

4. 发展性

正如形成性评价所倡导的那样,学生不是一个一成不变的个体,教师应学会用发展的眼光来评价学生。而在教师创设情境教学时,教学效果往往也可能会与预设有所差距,这时教师就不能因预设目的而过度约束学生的行为。这其实与学校的育人原则是统一的,我们所培养的人,不是一个个一模一样的人,而是有自己感情、思维的鲜活的生命。

在情境教学的过程中,教师要根据学生的情感体验及时调整自己的教学方案,不要将不符合学生成长的目标强加给学生,不要忽视当下学生的情感体验,要学会用生成性的眼光来正确看待情境教学,完善学生的认知过程。

二、核心素养导向下情境教学的实施策略

(一)创设真实的生活情境

情境学习理论认为,学习是发生在情境之中的,可由观察、参与等得到知识,而不是由教师灌输到学生头脑中一大堆抽象的符号与文字。知识源自生活,生活中又充满着知识。但是学校教育传授的知识与学生实际生活人为地被割裂开来,造成学生学习兴趣低下。如法国近代教育思想家卢梭在《爱弥儿》一书中,大力提倡在自然真实的环境中进行教育。把贴近学生日常生活的真实情境引入教学,其中最重要的目的就是降低知识的抽象性,使知识的逻辑性符合学生的现有认知发展水平,让学生乐于接受新知识,让学生学习知识的过程与认识生活的过程能够有机地融合在一起,激发学生主动学习的愿望。教师要结合不同学科的不同内容,因地制宜地创设真实的教学情境,让学生在生活中学习知识、运用知识,从而激发学生学习知识的强烈动机,培养学生解决实际问题的能力。

(二)注重情境的可迁移性

情境教学有助于克服传统教学中知识与学生生活经验割裂开来的弊端,提供学生解决实际问题的情境,实现学以致用,提高学生学习知识的任务价值感。情境设计要能引导学生学习一门学科的核心概念或过程技能,并能提供学生实际探究、操作和运用这些概念和技能的机会,使学生能够在不同的情境中应用这些概念和技能,达到触类旁通之功效,提高学习效益。

第六节　活动教学策略

一、活动教学的概念

"活动"指的是与人的生命运动相关的主动性、能动性、积极性的表现，活动由目的、动机和动作构成，具有完整的结构系统。心理学的观点认为，人的心理、意识是在活动中形成和发展起来的。通过活动，人认识了世界，形成了个性品质，而活动本身又受人的心理、意识的调节。

活动是一切生命个体存在的基础和发展的方式，人的生命在于运动，课堂教学的生命在于"活动"。课堂教学因"活动"而有温度、有深度、有厚度、有效度。"活动教学"中的"活动"，主张充分发挥学生的主体，鼓励学生积极主动地以主人翁的角色参与课堂教学，做到"教、学、动"三者合一，主动将生活逻辑与知识逻辑相印证，将直接经验与间接经验相结合，培养学生分析和解决复杂的、真实的社会问题的能力。

活动教学是一种以活动为中心、以儿童为中心、以经验为中心的教学方法。传统的教学活动是以教师演绎为主的，学生被动地接受知识、记忆和理解。新型的活动教学法主张唤醒学生主动参与活动的意识。在教师精心设计的活动指引下，学生积极参与相关的阅读、探究、辩论、分享等一系列自主学习活动，以及开展相应的调查、模拟、服务、体验等社会活动。

目前，学术界关于活动教学的定义并没有统一明确的描述，在此笔者比较倾向于认同这样的观点：活动教学就是在教学过程中建构具有教育性、创造性、实践性的学生主体活动，以激励学生主动参与、主动实践、主动思考、主动探索、主动创造为基本特征，以促进学生创新精神及整体素质全面提高为目的的一种新型教学观和教学形式。

二、活动教学的特征

活动教学与其他的教学方式相比，最明显的特征是将学生的思维活动和实践活动相结合，学生在课上课下的实践活动中进行思维活动。掌握活动教学独特的自主性、开放性、探究性和实践性等特征并进一步分析，有利于加深对活动教学的理解与认识。

第七章 基于核心素养培育的课堂教学策略

（一）自主性

活动教学最显著的特征就是自主性。虽然传统的讲授模式也有教学活动，但这个活动并不属于活动教学中的活动。在传统的讲授模式的活动中学生处于被动地位，教师讲授，要求学生被动记忆、理解，学生一味依赖教师，缺乏独立思考，难以形成创新意识。而活动教学中的活动必须是学生自主的参与，在活动中学生自主地根据自身的认知水平、生活经验进行体验、探究、思考，实现自身的成长。学生是学习的主人，教师只是起引导、组织、及时评价等作用。

（二）实践性

马克思主义认为实践是认识的基础。在教学这一特殊活动中，学生的认识也要通过实践获得。对学生的发展来讲，学生主体活动是学生认知、行为、情感发展的基础，无论学生思维、智慧的发展，还是情感、态度、价值观的形成，都是通过主体与客体相互作用实现的，而主客体相互作用的中介正是学生参与的各种活动。

由此可见，活动对学生认识的重要作用，学生的知情意等主观认识是在与客体的相互作中获得的，而活动恰恰给了学生与客体频繁相互作用的机会。活动教学强调借助活动，使学生与客体接触，在两者的相互作用中获得直接经验，并使之内化为自身的知识、情感、信念，最终实现学生知识、能力、人格等的发展。学生从活动中获得认识，能力在活动中得到有效锻炼，思辨思维得到新发展，情感升华内化为行为。

（三）开放性

活动教学不管是其活动过程还是其结果、氛围、场所都具有开放的特点。传统的讲授接受模式，要求教师尽心设计教学过程，让学生跟着教师的思路去获得和理解新知识。而在活动教学的过程中，教师只是调动学生自主参与活动的积极性。遇到问题、困惑，教师只是适时引导，给予学生独立思考的空间，让学生自主选择解决问题的方法，具有较大的开放度。

（四）探究性

探究性是活动教学的基本动力。传统的讲授式教学通常是教师按照课前设定的思路，将标准答案是如何而来的一步步传授给学生，这貌似快速的方法，却养成了学生不善于自己动脑,依赖教师的习惯,长此以往学生的质疑、思辨、创新能力逐渐缺失。而活动教学要求学生在活动过程中运用所学知识自主去解决问题,自主思考选择解决问题的方法,学会与人相处。

三、核心素养导向下活动教学的实施策略

(一)探究型活动教学

学生对于客观世界的认识与了解,是在与客观世界发生作用的探究、体验等活动中实现的。探究是人类学习的基本形式,探究学习是一种积极的学习过程,一切真正的学习都是带有个人色彩的探究性学习。探究对于学生的意义不仅仅是教会其解决问题的方式,更应成为其进行思考、生活,以及实现自我主体价值的方式。探究性学习体现了活动教学的重要思想,以探究为中心的活动是活动教学的主要内核。

1. 探究型活动的内涵

这里所说的探究型活动是指教师首先引导学生围绕一定的问题、文本或材料选择和确定研究问题,继而创设一种类似于研究的活动情境,组织和引导学生用类似于科学研究的方式,经历实验、操作、调查、搜集与处理信息、表达与交流等多种相对独立的探究活动,使学生积极探索,自己发现知识、自主寻求或建构知识的一种教学活动。这种活动方式重视实践、探索、发现在学生认识活动中的地位,认为要使学生实现主动学习和主动发展,就必须置学生于自主探究、发现的活动中,只有使学生像科学家一样,对他们所不知道的未知领域进行探索发现,才能主动实现对客体认识的不断深化和提高;只有使学习主体通过"再现"和"重演"人类的社会历史活动去"占有"具有独特形态的活动成果,才能真正促进学生认识的深化和发展。该活动方式强调学生通过自主探索来实现对问题的解决、文本的解读、社会的理解,从而完成知识发现的过程。

在这里,学生独立、自主的探究活动是至关重要的,这种活动的目的不仅在于获得知识本身,更重要的是通过对知识产生过程的重演、再现,探索和获得凝聚于知识中的人类智慧,即人的价值观、活动方法和认识能力等。

2. 探究型活动的教学策略

(1)要强调活动中的思维参与

探究过程中经常经历的活动有观察、动手操作、实验、调查、采访、研讨等,这些活动主要依靠外在动作参与来获取研究信息,但外在动作的参与与内在的思

维参与是分不开的，支持动脑思考是动手操作的目的所在。

（2）教师要提供适度的指导

在探究活动中，由于问题的开放性、情境性、生成性，常常有很多意想不到的问题和场景出现，考验着教师的知识与智慧，教师要不断地面临众多难以决断的问题：学生提出的哪些问题是适宜进行探究活动的问题？教师如何应对学生提出的问题？哪些结构性的材料可以给予探究以支持？什么时候改变讨论的话题或方向？如何让某个处于游离状态的学生回归到活动中？什么时候提供背景知识和拓展性材料？是把学生引导到本次探究活动本来的探究主题上，还是允许学生探究他们自己感兴趣的问题？是按原定计划按时进入探究的下一阶段，还是再给学生一些时间以让他们进一步开展充分的探究等，教师不能像过去一样事先就预设好课堂教学中将要发生的一切，可以牢牢地把握和支配教学过程的节奏与进程，这对教师的教育智慧提出了更高挑战。

（二）交往型活动教学

交往和对话是教学实施的核心和灵魂，没有真正的交往就不是教学。教学中的交往对于学生来说，是他们进行互动学习的重要方式；师生交往、同伴交往是学生获取知识、交流思想和情感、发展交往能力和实现社会性发展的重要途径。

1. 交往型活动的内涵

教学中的种种主体性实践活动，常常要借助人与人之间的交往来完成，但交往本身并不完全具有教学功能，那些形式化的、外在的、浅层次的交往活动并不能有效地促进学生的发展。活动教学中的交往更加关注交往活动的内在价值，力图通过多种形式的交往活动来更好地实现交往主体间的相互作用和相互影响。该活动方式提倡建立一种师生之间、生生之间的平等的对话关系，强调对话双方角色的互为主体性，主张在教学中，教与学双方共同交流、沟通、协商、探讨。

2. 交往型活动的教学策略

交往型活动的教学策略主要包括有效提问的艺术与策略、有效关注并监控小组合作学习以及确立教师在与学生互动中的角色定位等。

（1）有效提问的艺术与策略

提问是对话的重要方式，是获取信息的主要手段。因此，各科教师都习惯于将提问作为自己课堂交流和交往型教学的主要方式。

在以往的教学中，相当多的课堂提问涉及的均是事实性、解释性的问题，这样的问题常常是封闭性的、具有唯一答案的，无须学生深入思考而仅仅检测知识的记忆程度的，缺乏开放性、探究性，极大地影响了课堂对话、讨论的成效。为此，要使课堂对话、讨论不流于形式，首先要求教师提出富有成效的问题。针对问题的提出，笔者从实践中总结出以下几点。

① 问题提出的时机是否成熟？如果在学生毫无准备的状态下或根本不具备与讨论主题相关的知识背景时，提出问题试图与学生展开对话或要求学生讨论，学生只会产生情感上的抗拒。

② 问题的适当性、难度大小是否符合学生的认知水平和已有经验？问题应该与学生正在进行的学习或思维水平相联系。

③ 问题应该不仅仅是针对发展或激发学生特定的知识或者技能的"是"或者"不是"的回答，更应该是能激发学生思考、促进学生思维的广度和深度拓展的。

④ 更多地涉及一些发散类和探究类问题。就问题涉及的水平层次来看，可以分为四类：一是判别类问题，主要是对事物加以判定，代表性词语是"是不是""对不对"；二是描述类问题，主要是对客观事物加以陈述和说明，代表性词语是"什么""怎么样"；三是探索类问题，主要是对事物的原因、规律、内在联系加以说明，代表性词语是"为什么"；四是发散类问题，主要是从多角度、多方面、多领域去认识客观事物，代表性词语是"你从中体会到什么""还有哪些方法""还有什么不同观点"等。这类问题最根本的特点是答案不唯一。每一种问题对学生的认知发展都很重要。学习和回忆事实性知识的重要性不仅在于获得知识，而且还在于在高水平思维过程中运用它们。一个经验丰富的教师应该会综合利用各种水平层次的问题来激发学生不同的思维方式。当前最迫切的是要更多地在提问中设计一些发散类、探究类问题，激发学生高水平的思考。

与此同时，教师还应教会学生提出自己的问题。在常规教学中，教师总是提问者，学生总是回答者，很难实现师生间真正的主体对话。为此，教师可以有意识培养学生提问的能力，如可以确定一个主题，然后让学生小组集体讨论提出问题，之后对每一个问题进行评价，看其反映出的思维水平的高低或是否紧扣主题。

（2）有效关注并监控小组合作学习

当前小组合作学习普遍存在较多的问题：小组合作的时机很随意、目的不明确、内容未经过选择；小组活动的时间不充分，学生还未进入真正的学习状态或问题还没有得到足够的探究就草草收场；小组成员间的发展机会不平等，看似全员参与，却是好学生说了算，学困生只能袖手旁观；缺乏合作技能，不会倾听，不会合作，以自我为中心，无法进行相互学习等。

（3）确立教师在与学生互动中的角色定位

由于对话、讨论环境的不同，以及学生的成熟水平与经验的差异，教师在其中发挥的作用也存在着差别，所选择扮演的角色也是不同的。

如果对话是发生在师生之间，教师就应起主导作用，除了体现在对话题的调控和对交流的引导以及交流过程中学生的鼓励和评价外，还体现在根据学生的理解状况，适时地提出能促进学生进一步思考的话题，给学生搭建适当的对话平台，使学生的认识得到深化、情感得到升华。

在人文学科中，更要注意话题的适时拓展，即对话不能仅仅局限在课文本身的范围之内，因为随着阅读和对话的不断深入，学生的感悟会越来越多，学生的理解和认识会越来越深刻，需要向纵向和横向两方面来拓展，实行开放式对话教学。

如果互动是在学生之间进行的，那么教师最好充当一个观察者和记录者。在更多时候，教师可能仅仅是作为小组一员平等地参与进去，成为一个参与者。还有时候，可能还需要教师作为一个推动者、调控者，去挑起矛盾，引发认知冲突。总之，在整个交往活动过程中，教师的责任是使学生能够对他们的经验进行批评性反思，探索不同的观点和角度，思考他们的知识是怎样植根于个人经验的。

为此，教师要具有从对话、讨论中敏锐洞察学生思维发展脉络和情感发展走向的智慧与能力，同时在行为上进行有效调控。

参 考 文 献

[1] 李国臣，王淑芬. 教你做好课堂教学设计 [M]. 天津：天津教育出版社，2014.

[2] 李国臣，孙九启，李铭浩. 优化课堂教学的策略与修炼 [M]. 天津：天津教育出版社，2017.

[3] 孔云. 经典教学理论与课堂教学应用 [M]. 北京：海洋出版社，2017.

[4] 胡振芳. 课堂教学：思与行 [M]. 北京：光明日报出版社，2018.

[5] 靳玉乐，张铭凯，郑鑫. 核心素养及其培育 [M]. 南京：江苏人民出版社，2017.

[6] 张屹，陈蓓蕾，沈爱华. 智慧课堂教学研究的方法与案例 [M]. 武汉：华中师范大学出版社，2018.

[7] 高巍. 课堂教学行为观察与评价研究 [M]. 武汉：武汉大学出版社，2019.

[8] 何朝东. 课堂教学中的心理效应 [M]. 天津：天津教育出版社，2019.

[9] 陈来，康宝勤. 智慧课堂教学创新大赛案例精选 [M]. 合肥：安徽大学出版社，2019.

[10] 潘建新. 教学活动中智慧教室的应用 [J]. 教学与管理，2018（35）：20-21.

[11] 李少林. 核心素养背景下有效课堂教学评价的作用 [J]. 文学教育，2020（11）：76-77.

[12] 张恩德，龙宝新. 论核心素养的课堂教学落实 [J]. 教育学术月刊，2020（10）：71-77.

[13] 黎金丽. 指向学生核心素养发展的课堂深度教学策略 [J]. 教育观察，2020，9（35）：82-84.

[14] 林贵永. 信息技术核心素养下培养学生创新思维的教学策略 [J]. 科技风，2020（22）：30.

[15] 聂德林，冯艳丽. 核心素养背景下交互式课堂教学策略探讨 [J]. 科学咨询（教育科研），2020（8）：221.

［16］余绍会. 指向核心素养的教学问题：价值、困惑与改进[J]. 中学政治教学参考，2020（13）：6-7.

［17］何云，崔永利. 以"核心素养"为本的课堂教学改革[J]. 教育教学论坛，2020（17）：194-195.

［18］高晶. "核心素养"背景下的课堂教学探究[J]. 教师教育论坛，2020，33（4）：50-52.